AF452500

LE
GÉLATINO-BROMURE

D'ARGENT

SA PRÉPARATION, SON EMPLOI
SON DÉVELOPPEMENT

PAR

E. AUDRA,

Membre du Comité d'Administration
et Trésorier de la Société Française de Photographie

DEUXIÈME TIRAGE

PARIS,

GAUTHIER-VILLARS, IMPRIMEUR-LIBRAIRE
DU BUREAU DES LONGITUDES, DE L'ÉCOLE POLYTECHNIQUE,
Quai des Grands-Augustins, 55

1884

LE
GÉLATINO-BROMURE
D'ARGENT

SA PRÉPARATION, SON EMPLOI,
SON DÉVELOPPEMENT.

LE
GÉLATINO-BROMURE
D'ARGENT

SA PRÉPARATION, SON EMPLOI, SON DÉVELOPPEMENT

PAR

E. AUDRA,

Membre du Comité d'Administration
et Trésorier de la Société Française de Photographie

DEUXIÈME TIRAGE

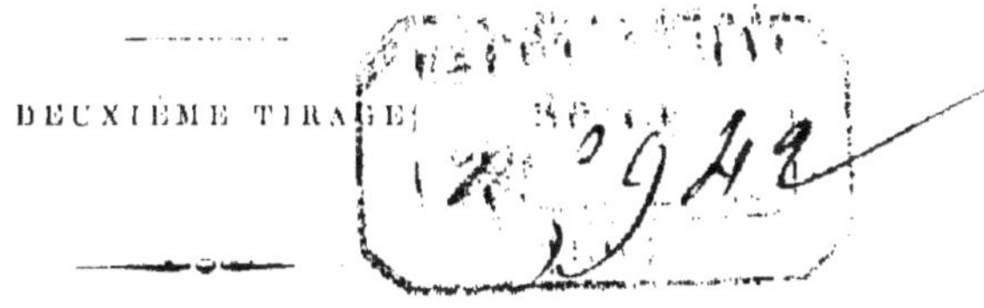

PARIS,

GAUTHIER-VILLARS, IMPRIMEUR-LIBRAIRE

DU BUREAU DES LONGITUDES, DE L'ÉCOLE POLYTECHNIQUE,

Quai des Grands-Augustins, 55

—

1884

INTRODUCTION.

Les procédés en usage pour l'obtention des clichés photographiques ont été profondément modifiés depuis quelques années, et les simplifications apportées aux manipulations chimiques dans cette branche de la Science ont développé dans une large mesure le goût public pour cette merveilleuse découverte née d'hier, dont les bases ont été jetées par les Nicéphore Niepce, les Daguerre, les Fox Talbot, et dont le champ a été élargi d'une manière si pratique et si utile par les travaux du regretté Poitevin.

La Photographie a droit de cité aujourd'hui : ni les Arts, ni les Sciences, ni l'Industrie ne sauraient la renier, car les services qu'elle rend à tous sont de ceux qui s'imposent, et nul ne pourrait dire où son rôle est borné.

Il y a donc un intérêt réel à répandre les éléments de cette Science, à mettre à la portée du plus grand nombre des formules simples et précises qui soient de nature à encourager et à faciliter les recherches, et à pousser les débutants vers cette attrayante étude. C'est ce que nous avons essayé de faire dans les quelques pages qui suivent, qui n'ont d'autre prétention que de résumer, pour ainsi dire, l'expérience que nous avons acquise en pratiquant un nombre considérable d'essais depuis plus de dix années.

Il n'est pas nécessaire d'être chimiste pour se livrer utilement à la Photographie, mais il est indispensable de prendre au sérieux l'étude des manipulations, limitées d'ailleurs, qu'elle exige, de se rendre compte des causes en même temps qu'on constate les effets, d'apporter en un mot une minutieuse et consciencieuse attention aux phénomènes physiques et chimiques dont on est constamment témoin. Une propreté poussée jusqu'à l'excès est d'absolue rigueur : il n'est pas moins nécessaire d'apporter la plus grande précision dans les dosages des liquides et dans le pesage des produits; il ne faut pas perdre de vue que, dans nombre de cas, les quantités sont déterminées par les poids atomiques de chaque corps, et qu'une erreur due à la négligence peut compromettre sans retour des résultats impatiemment attendus. La Photographie est une étude attrayante, mais sérieuse aussi, et celui qui ne la comprendra pas à ce double point de vue fera mieux d'y renoncer, car il y perdra son temps et n'y réussira jamais.

Avant de s'occuper des applications innombrables de la Photographie, applications qui se développent tous les jours davantage, il faut s'occuper de l'obtention des clichés ou épreuves négatives au moyen desquels on produit ensuite les épreuves positives en nombre en quelque sorte illimité. Le cliché s'obtient à la chambre noire sur une surface plane, transparente, ou seulement translucide : Le verre ou la glace est aujourd'hui presque exclusivement employé, malgré les inconvénients que présentent et sa fragilité et son poids. On cherche à lui substituer d'autres substances, et il est grandement à désirer qu'on y parvienne. Mais aucune n'a jusqu'ici répondu à toutes les exigences, et il faut, jusqu'à nouvel ordre, savoir s'en contenter.

On recouvre donc une glace d'une couche mince d'un mélange éminemment sensible à la lumière. Cette glace exposée dans la chambre noire reçoit l'impression lumineuse, puis est développée dans le laboratoire, car elle n'a reçu qu'une impression latente, invisible, qui n'apparaît que sous l'influence de réactifs appropriés. Elle se développe alors ; les parties vivement impressionnées deviennent noires, celles qui ont reçu une lumière moins vive se colorent moins, mais proportionnellement à la lumière reçue, et enfin, partout où la lumière n'a pas frappé, la couche sensible demeure sans altération. Après quelques manipulations complémentaires, le cliché est terminé, peut recevoir la lumière du jour, et l'on verra plus loin quel parti on peut en tirer.

La substance sensible dont la glace est recouverte est un sel d'argent. Mais pour pouvoir retenir ce sel en couche uniforme sur la glace, il est nécessaire qu'il soit mélangé à une autre substance, sur laquelle les réactifs employés n'aient aucune action, qui reste adhérente, en dépit des manipulations nombreuses qu'elle a à subir, et qui n'altère pas la limpidité du subjectile. On a d'abord employé l'albumine de blanc d'œuf, qui donnait des résultats d'une merveilleuse finesse, mais qui retardait l'action de la lumière sur les sels d'argent, à ce point de nécessiter une pose prolongée. On lui a substitué le collodion qui est une dissolution de coton-poudre dans un mélange d'éther et d'alcool. La rapidité de l'impression lumineuse s'est alors accrue dans une proportion énorme, surtout lorsqu'on l'employait à l'état humide. Dans ces dernières années, les savantes recherches de M. Alfred Chardon ont doté la Science photographique d'un procédé certain, permettant d'employer le collodion à l'état sec sans que l'impression lumineuse en soit sensiblement ralentie. C'était un progrès considérable ; et, malgré des progrès plus récents encore, le procédé de M. A. Chardon est et demeure un de ceux qui donnent les résultats les plus parfaits toutes les fois que le maximum de rapidité d'impression lumineuse ne s'impose pas. Depuis cette époque, le dernier mot de la rapidité paraît avoir été dit, car, en substituant au collodion de la gélatine ordinaire comme véhicule du sel d'argent sensible, on obtient, dans des conditions d'éclairage convenables, des images d'objets en $\frac{1}{50}$ et $\frac{1}{100}$ de seconde, et des images du Soleil en moins de $\frac{1}{3000}$ de seconde! (M. Janssen.)

———◆◎◆———

LE

GÉLATINO-BROMURE

D'ARGENT,

SA PRÉPARATION, SON EMPLOI, SON DÉVELOPPEMENT.

PRÉPARATION DU GÉLATINO-BROMURE.

L'emploi de la gélatine fera seul l'objet de cette étude pour l'obtention des clichés photographiques. Il a été donné des formules tellement nombreuses pour la préparation des glaces de cette nature que les plus habiles ont chance de s'y perdre. A moins de se livrer à des recherches toujours longues et laborieuses, il est nécessaire de s'attacher à un seul et unique mode de procéder; celui qui va être décrit est simple et facile; chacun peut l'employer avec une installation restreinte, et il donne des résultats qui ne le cèdent à aucun autre, ni au point de vue de la rapidité, ni à celui de la perfection de l'image. Il est le résumé d'essais incessants répétés depuis trois années, et quiconque ne s'écartera pas des indications fournies peut être assuré du succès.

Le matériel indispensable à un amateur qui désire préparer lui-même les glaces sensibles dont il aura à se servir est peu compliqué. Il est évident qu'il devra être modifié s'il s'agit de préparer des quantités considérables de matière sensible; mais il sera facile, sans changer la formule, d'opérer ces modifications. Une bouillotte en métal de 4$^\text{lit}$ à 5$^\text{lit}$ de capacité, et d'une ouverture suffisante pour qu'on puisse y introduire un flacon en verre de 1$^\text{lit}$ au moins et à col large, servira de bain-marie. Une ou deux mesures graduées, une terrine, une cuvette en porcelaine, un tamis et un filet à mailles de 2$^\text{mm}$ à 4$^\text{mm}$ compléteront les outils nécessaires; quelques autres menus objets de moindre importance seront utiles et se trouveront indiqués au fur et à mesure de la description des moyens d'opérer.

Il s'agit de préparer au sein d'une dissolution de gélatine dans l'eau un sel d'argent possédant une sensibilité aussi exaltée que possible à tous les rayons du spectre: Le bromure d'argent est le sel qui, en l'état actuel de la Science, répond le mieux à ce desideratum. On le prépare par la double décomposition d'un bromure alcalin et de l'azotate d'argent: il se forme, dès qu'on mélange les solutions des deux sels dans l'eau, un précipité blanc de bromure d'argent insoluble, et un azotate de la base employée, qui demeure en dissolution dans le liquide. Ce précipité caséeux tombe promptement au fond du vase; mais il n'en est pas ainsi si le dissolvant est d'une nature mucilagineuse, telle qu'une solution de gomme, ou de gélatine, ou de matière similaire. Dans ce cas, le précipité se produit plus lentement et dans un état de division tout différent; enfin il ne se dépose au fond du vase qu'avec une extrême lenteur. Il reste en suspension dans le liquide mucilagineux.

C'est ainsi qu'il faut obtenir le bromure d'argent. Pour y parvenir, et préparer environ 600^{cc} de matière sensible, suffisants pour recouvrir 25 plaques entières (18 × 24), on introduit dans le flacon en verre à large ouverture :

Eau distillée. . . . . 300^{gr}
Bromure d'ammonium. . . . . 18^{gr}
Bonne gélatine. . . . . 12^{gr}

Le bromure d'ammonium se trouve à l'état suffisamment pur dans le commerce des produits chimiques. Une gélatine quelconque un peu dure paraît convenir, mais il est indispensable qu'elle soit exempte de toute trace de graisse et qu'elle soit de fabrication relativement récente. La vieille gélatine a toujours subi plus ou moins d'altération au contact de l'air humide, ses cellules paraissent s'être distendues, et elle a moins d'adhérence au subjectile, ce qui est un point capital.

Lorsque la gélatine a gonflé pendant quelques minutes dans la solution de bromure d'ammonium, on introduit le flacon dans la bouillotte à moitié remplie d'eau froide, de façon qu'il flotte et que son col sorte librement par l'ouverture. On porte alors le tout sur un feu de gaz doux. Dans cette opération comme dans les suivantes, il n'y a pas lieu de craindre que le verre casse, si l'on a toujours soin d'immerger le flacon dans de l'eau à une température sensiblement égale à celle qu'il a lui-même, quelle que soit d'ailleurs cette température.

Pendant que le contenu du flacon s'échauffe et que la gélatine se dissout, opération que l'on facilite en agitant de temps à autre, on prépare, dans un verre à expérience, une solution de 27^{gr} d'azotate d'argent cristallisé dans 150^{gr} d'eau distillée tiède, c'est-à-dire à une température à peu près égale à celle qu'aura la solution de gélatine bromurée au sortir du bain-marie. Cette température doit être de 40° environ, plutôt au-dessous qu'au-dessus. On prend alors le flacon dans la main droite, et, dans la main gauche, le verre contenant la dissolution d'argent. En inclinant le verre, dont le bec est appuyé sur le goulot du flacon, on fait couler un mince filet du liquide dans la gélatine, qu'un mouvement circulaire du bras droit tient constamment agitée, et l'on continue sans interruption jusqu'à ce que les deux solutions soient entièrement mélangées. Il faut opérer sans hésitation comme sans brusquerie. Une minute au plus doit suffire. On continue à agiter pendant quelque temps le flacon afin que la double décomposition des sels s'opère le plus régulièrement possible, et que le précipité se forme dans un état de division convenable.

A ce moment, on a dans le flacon un liquide crémeux, blanc par réflexion, franchement rouge par transparence en couche mince : c'est l'émulsion de gélatino-bromure, mais à l'état incomplet, parce qu'elle contient une beaucoup trop faible proportion de gélatine et qu'elle renferme un excès de bromure alcalin et de l'azotate d'ammoniaque dont il est nécessaire de la débarrasser. De plus, elle serait peu sensible aux rayons lumineux. On reporte alors le flacon dans le bain-marie dont on pousse la température jusqu'à l'ébullition. On a soin d'agiter de temps à autre l'émulsion en tournant le flacon et en remuant le liquide avec une longue baguette de verre qui y demeure plongée; sans cette précaution, au fur et à mesure que la température s'élève, une partie du bromure tend à se précipiter au fond du vase. Si l'on examine attentivement la couleur du bromure à différents degrés du thermomètre, on constate qu'entre 60° et 80°, il prend une teinte légèrement verdâtre par réflexion, et perd graduellement sa teinte rouge par transparence. Aux environs de 100°, le rouge a complètement disparu et se trouve remplacé par une teinte bleu-verdâtre facile à reconnaître sur la paroi de verre. On continue l'ébullition de l'eau du bain-marie pendant quinze à vingt minutes au moins et trente minutes au plus; après quoi on laisse tomber la température à 35° ou 40°. C'est à ce moment qu'il convient d'ajouter une seconde dose de gélatine de 12^{gr} à 15^{gr}, préalablement gonflée pendant quelques instants dans un peu d'eau distillée. Il importe de bien agiter l'émulsion pour opérer la dissolution et le mélange, et, s'il est nécessaire, on la replace dans le bain-marie jusqu'à ce qu'ils soient complets, en élevant toutefois le moins possible la température.

Jusqu'à présent, il n'a pas été question de la nature de la lumière à laquelle ces manipulations devaient être conduites; c'est à dessein, car une lumière diffuse quelconque ne présente pas d'inconvénients, que ce soit celle d'une bougie, du gaz ou même du jour. L'émulsion en est sans doute altérée, mais l'opération suivante aura pour objet de détruire l'action produite. A cette fin, on a préparé d'avance en réserve une dissolution à 2 pour 100 de bichromate de potasse dans de l'eau distillée. On verse 15^{cc} de cette solution dans l'émulsion et l'on agite vigoureusement pour opérer le mélange. Ensuite on vide tout le contenu du flacon dans la cuvette de porcelaine, qui doit être rigoureusement propre, et on laisse refroidir dans l'obscurité. Si l'on était pressé, on pourrait hâter le refroidissement en faisant flotter la cuvette dans une autre plus grande contenant de l'eau glacée.

A partir de ce moment, il faut supprimer, dans la pièce où l'on opère, toute lumière blanche : si c'est de jour, la fenêtre doit être garnie d'un double carreau de verre rouge. Si c'est à la lumière artificielle, une seule épaisseur de verre rouge suffira ; mais la lumière blanche ne devra filtrer au travers d'aucun des joints de la lanterne et il faudra se garer également de la réflexion verticale des rayons sur le plafond.

Après refroidissement, l'émulsion doit être prise en gelée blanche, légèrement teintée : il faut alors procéder à l'opération du lavage pour la débarrasser des sels inutiles ou nuisibles qu'elle contient. Ce lavage demande à être fait avec soin, avec beaucoup d'eau, mais ne doit pas se prolonger pendant plus de trois ou quatre heures dans l'intérêt de l'adhérence ultérieure de la couche d'émulsion à son subjectile. En une heure et même moins, il peut être complet si on dispose d'eau courante. On détache la gelée de la cuvette avec une cuillère d'argent ou de porcelaine, et on la dépose dans le carré de filet dont il a

été parlé et qui doit être assez grand pour permettre
de former un nouet. Ce filet, en fil, se vend au mètre
dans les maisons qui tiennent les ouvrages de tapis-
serie et de broderie pour dames. Il en existe à
mailles de diverses grandeurs ; celles de 3^{mm} à 4^{mm}
conviennent et fractionnent suffisamment la gelée
qu'on force au travers en tordant le nouet jusqu'à
ce qu'il ne contienne plus de matière. Cette torsion s'opère sous l'eau dans une terrine, et ne présente aucune difficulté. Le contenu de la terrine
est ensuite renversé sur un tamis, ou mieux dans
un tambour à dialyse en verre dont la membrane
a été remplacée par un morceau de toile. Les petits
fragments de gélatine, qui représentent assez bien
des grains de riz, sont retenus sur l'étoffe et soumis
en cet état à un lavage de dix minutes sous le robinet. On répète deux fois ensuite l'opération qui précède, c'est-à-dire qu'on fait passer trois fois successivement la gelée à travers les mailles du filet, en la
lavant abondamment entre chaque opération. La
dernière eau de lavage, vue au grand jour dans
une terrine blanche, ne doit présenter aucune coloration jaune, quelque faible qu'elle soit, et pour
s'assurer que le lavage est parfait, il est utile d'essayer les dernières gouttes d'eau qui découlent de la
gelée, avec une solution d'azotate d'argent. Elle ne
doit donner aucun précipité. Ces lavages se font à
l'eau ordinaire, mais, lorsqu'ils sont terminés, il

est bon de rincer l'émulsion dans de l'eau distillée pour enlever les dernières impuretés, avant de la faire égoutter.

L'égouttage se fait d'abord sur le tamis en remuant quelque temps l'émulsion avec une spatule afin que la plus grande partie de l'eau adhérente aux petits fragments d'émulsion s'écoule; mais cela n'est pas suffisant et il resterait encore plus d'eau qu'il ne convient. Aussi est-il nécessaire de déposer la gelée dans un linge bien propre que l'on place sur une matière absorbante, plusieurs doubles de papier buvard épais, par exemple, qu'on renouvelle plusieurs fois lorsqu'il est saturé d'humidité. Si la gélatine conservait trop d'eau, elle ferait moins facilement prise sur la glace, et sécherait beaucoup plus lentement.

Une fois convenablement essorée, la quantité d'émulsion recueillie est introduite de nouveau dans le flacon à large ouverture avec une troisième dose de gélatine légèrement gonflée. Cette troisième dose peut varier de 12^{gr} à 15^{gr} et est fondue avec elle au bain-marie à une douce chaleur; on opère le mélange aussi intimement que possible en agitant le flacon et on laisse faire prise, à moins qu'on ne désire recouvrir immédiatement des glaces. Celles-ci seraient excellentes, mais ne posséderaient pas toute la rapidité dont elles sont susceptibles. Pour obtenir cette rapidité, il faut faire mûrir cette émulsion pendant 8 ou 10 jours. On la laisse donc faire prise dans le flacon. On la recouvre ensuite d'une couche de 1ᶜ à 2ᶜ d'alcool et on met de côté dans l'obscurité complète le flacon après l'avoir soigneusement bouché.

Au bout d'une dizaine de jours, la sensibilité du produit ainsi préparé s'est considérablement accrue, et il y a lieu de procéder à la préparation des glaces.

La préparation de l'émulsion précédemment décrite peut se résumer comme suit :

Bromure d'ammonium.	18ᵍʳ
Azotate d'argent cristallisé.	27ᵍʳ
Gélatine exempte de graisse.. . . . de 36ᵍʳ à	42ᵍʳ

suivant la température et la saison.

Mais une émulsion riche en gélatine paraît présenter de sérieux avantages. Il convient d'utiliser cette gélatine en trois doses à peu près égales ; la première pour former le précipité de bromure d'argent, la deuxième après l'ébullition et avant le lavage, la troisième enfin, lorsque toutes les opérations sont terminées. L'addition d'une faible proportion de bichromate de potasse avant le lavage est indispensable pour faire disparaître toute trace de voile si l'on a opéré à la lumière blanche, et est utile en tout état de cause pour donner de la pureté aux blancs et de la vigueur aux noirs du cliché. Le lavage doit être parfait sans être trop prolongé.

Enfin, comme complément utile, si l'on recherche l'extrême rapidité, on doit laisser mûrir le produit, avant de s'en servir, pendant 8 à 10 jours au minimum. Après ce délai, il ne paraît plus gagner en sensibilité, mais il se conserve beaucoup plus longtemps s'il est à l'abri de l'influence de l'air et des ferments qu'il contient.

PRÉPARATION DES GLACES.

On doit recouvrir vingt-cinq plaques entières
(18×24) ou cinquante demi-plaques (13×18) avec
la quantité d'émulsion qui vient d'être préparée,
et qui représente un volume d'environ 550ᶜᶜ, un
peu plus ou un peu moins, suivant la nature
de la gélatine, et suivant la façon dont elle a été
essorée. Les glaces ont été préalablement nettoyées
avec soin à l'acide où à la potasse, puis abondamment rincées et essuyées avec un linge de
coton très doux. On frotte ensuite le côté qui doit
être recouvert d'émulsion avec un tampon de linge
légèrement imbibé d'une solution à 2 pour 100 de
silicate de potasse dans de l'eau distillée. Aussitôt
que toute la surface du verre a été mouillée par
cette solution, on l'essuie à sec avec un linge propre jusqu'à ce qu'il n'en reste plus aucune trace visible. On n'a pas à craindre de faire disparaître la

couche qui a été déposée. Il faut au contraire l'enlever le plus possible par le frottement. Si l'on n'a pas sous la main du silicate de potasse ou de soude, on peut le remplacer par une solution d'eau sucrée à 6 ou 8 pour 100. Le résultat est le même, mais la glace est dans ce cas plus difficile à essuyer à cause de la nature poisseuse du liquide, et, sous ce rapport du moins, le silicate est préférable. Cette opération, qui n'est pas indispensable d'ailleurs, a pour but de préparer la surface du verre à être mouillée sans difficulté par la gélatine émulsionnée, et facilite singulièrement l'étendage de la couche en dispensant d'employer baguettes ou pinceaux.

On a préalablement rejeté la couche d'alcool qui recouvrait l'émulsion, et on a lavé sa surface à plusieurs reprises avec de l'eau distillée afin d'enlever toute trace d'alcool ; puis on a mis le flacon au bain-marie pour faire fondre la gelée : la température ne doit pas être trop poussée, mais peut aller jusqu'à 45° à 50°. Les glaces prêtes à servir sont mises dans une étuve à une chaleur uniforme de 20° à 25°, ou sont chauffées par tout autre moyen. En été, si la température ambiante est d'au moins 20°, on peut s'en dispenser.

Pendant ce temps, on filtre l'émulsion. Le filtrage se fait sur une touffe de coton cardé que l'on a mouillée et qui est introduite dans la douille

d'un entonnoir. Il existe une sorte de coton, préparé pour les besoins de la chirurgie, qui convient parfaitement à cet usage : c'est un coton pu-
rifié, débarrassé de ses matières résineuses, qui se
mouille instantanément, au point que, si l'on en
projette quelques brins dans un bassin rempli
d'eau, ils tombent de suite au fond.

On a eu soin de couper la douille de l'entonnoir
pour qu'elle n'ait que quelques centimètres et on
place celui-ci sur l'ouverture d'une cafetière en porcelaine de Bayeux sur laquelle il repose sans en
toucher le fond. La cafetière doit être, non pas à
bec, mais à goulot recourbé, de façon que le liquide versé provienne du fond et non de la surface :
on trouve des cafetières de cette sorte, de toutes dimensions. L'émulsion liquéfiée et versée dans
l'entonnoir, filtre lentement, mais régulièrement,
et est exempte de toute impureté. On a soin de placer le tout dans un bassin contenant de l'eau chaude,
afin que le liquide ne fasse pas prise, et on maintient cette eau à la température de 45° à 50° par un
moyen quelconque pendant tout le temps des opérations qui suivent.

La glace époussetée au blaireau est tenue hori-
zontalement sur l'extrémité des cinq doigts de la
main gauche, si elle est d'une dimension mania-
ble, c'est-à-dire si elle ne dépasse pas 24ᶜ × 30ᶜ.
(Pour les plus grandes dimensions, il peut être

plus aisé de placer la glace sur trois pieds à caler en la dressant de niveau au moyen du niveau
d'eau). L'index et le médium de la main droite sai-
sissent l'anse de la cafetière, pendant que le pouce,
appuyé légèrement sur l'entonnoir, empêche celui-ci de basculer. On verse ainsi lentement, mais
sans temps d'arrêt, l'émulsion sur le coin droit su-
périeur de la glace que l'on incline méthodique-
ment en tous sens comme s'il s'agissait de collodion.
Grâce au silicatage préalable de la glace, et aussi
à la richesse de l'émulsion en gélatine, celle-ci
coule aussi aisément que du collodion, recouvrant
les bords comme le centre sans déborder, pourvu
que les mouvements de la main gauche ne soient
pas brusques. Il est indispensable de verser sans
temps d'arrêt, sur la glace une quantité d'émulsion plus grande que celle qui doit y demeurer. Si
l'on s'y reprenait à deux fois, il se produirait infailliblement une marque à la place où l'on aurait
versé la seconde fois. Toujours comme s'il s'agissait de collodion, mais plus lentement, et sans
dépasser un angle d'inclinaison de 45°, on ren-
verse l'excès de liquide dans l'entonnoir et l'on
replace la cafetière dans son récipient. Il ne faut
incliner la glace que dans la mesure nécessaire
pour se débarrasser de l'émulsion en excès, et la
ramener de suite à la position horizontale en éga-
lisant la couche par un léger mouvement en tous

sens de la main qui la supporte. Ceci est beaucoup
plus aisé à faire qu'à décrire, et on acquerra avec
une surprenante rapidité la notion de la quantité
d'émulsion qui doit former la couche sensible, surtout si l'on ne perd pas de vue ce principe essentiel
qu'une couche trop épaisse n'a pas d'inconvénients
sérieux tandis qu'une couche trop mince donne rarement de bons résultats. Si la glace est de grande
dimension et repose sur des pieds à caler, il sera
d'abord nécessaire qu'elle soit plus chaude parce
que l'on opérera moins vite, et il faudra guider
l'émulsion sur sa surface avec une baguette en
verre ou mieux avec un blaireau ne servant qu'à
cet usage. On devra aussi mesurer la quantité de liquide qu'il convient de verser et qui ne devra pas
être inférieure à 45^{cc} ou 50^{cc} par chaque mille
centimètres carrés de surface.

Aussitôt que la glace a été ramenée à la position
horizontale sur les cinq doigts de la main gauche,
et que la couche d'émulsion s'est par suite égali-
sée, on la fait glisser sur une table de niveau en
marbre ou en glace forte située dans un coin du
laboratoire, à l'abri des poussières, et de toute lumière même colorée : L'action de celle-ci, qui est
négligeable pendant le temps court que dure la
préparation de la glace, pourrait être nuisible si
elle était prolongée. La table de niveau peut être
utilement placée dans une armoire dont la porte

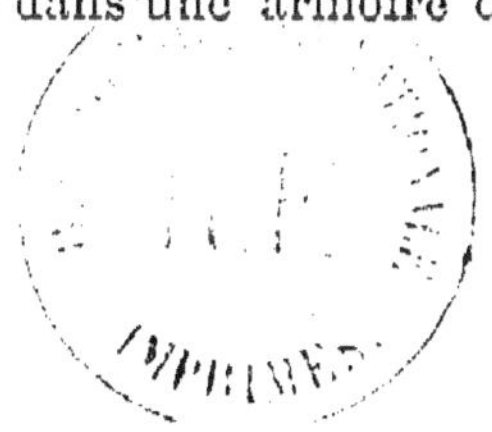

fait écran. On recommence l'opération sur autant de glaces qu'il peut en tenir sur la table de niveau, et, lorsqu'elles ont fait prise, ce qui ne demande que quelques minutes, on les range dans le séchoir pour recommencer une nouvelle fournée jusqu'à épuisement de l'émulsion.

Le séchage peut s'opérer soit à plat, soit verticalement. Dans tous les cas la température doit être aussi uniforme que possible, de préférence aux environs de 15° à 20°, et l'air doit se renouveler constamment dans la pièce, sans quoi, l'humidité le saturant promptement, il se produirait des marques provenant d'un séchage inégal.

À plat, la dessication exige, pour être rapide, qu'un courant d'air provenant de l'extérieur lèche constamment les surfaces à sécher : c'est ce qui rend le système moins pratique et fait généralement préférer le séchage vertical : on peut disposer à cet effet dans une chambre complètement obscure une série de baguettes horizontales soutenues par des potences appliquées aux murs, sur lesquelles reposeront les tranches inférieures des glaces. D'autres baguettes verticales espacées de 6° à 8° au moins, fixées aux baguettes horizontales, permettront de mettre à sécher deux glaces dos à dos dans chacune des petites cases à jour ainsi formées, et l'air circule librement entre elles pourvu qu'on ait eu le soin de laisser un espace

de quelques centimètres entre les tranches latérales des glaces et le mur.

Dans une pièce ainsi disposée et bien ventilée,
à la température indiquée ci-dessus, la dessication
peut être complète en moins de douze heures. Toutefois il n'est pas indispensable que le séchage soit
rapide, mais il est nécessaire qu'il soit uniforme ;
si, par suite de circonstances à éviter, une moitié
de la glace séchait en quelques heures et l'autre
moitié en un temps double ou triple, on aurait de
grandes chances de produire des clichés d'inégale
intensité.

Si l'on ne peut pas consacrer un espace suffisant
à la disposition qui vient d'être décrite, on peut
employer le système suivant qui est assez commode : On fait faire une série de boîtes en bois d'une
section intérieure égale à la dimension des glaces
à sécher, boîtes sans fond ni couvercle qui peuvent
se placer les unes sur les autres et former une sorte
de cheminée rectangulaire. Elles ont chacune une
série de rainures à biseau, 12 par exemple, espacées l'une de l'autre de 4^c ; deux minces baguettes
placées en guise de fond, perpendiculairement
à chaque série de rainures, et sur lesquelles repo-
sent les glaces, permettent à l'air de circuler librement. La boîte inférieure est élevée sur quatre pieds
hauts de 6^c à 8^c dans le même but, et les autres
boîtes sans pieds s'emboîtent les unes sur les

autres, en sorte qu'on peut sécher à la fois autant de douzaines de plaques qu'on a de boîtes, et même le double en les mettant dos à dos. Dans cette sorte de cheminée, il s'établit promptement un léger courant d'air qui peut être activé en la plaçant sous la hotte d'une cheminée de laboratoire pourvu que celle-ci ne laisse pénétrer aucune lumière venant d'en haut. Dans ces conditions la dessiccation est rapide et uniforme.

Dans le cas où l'on désirerait préparer la couche sensible de telle sorte qu'une fois le cliché terminé, elle puisse s'enlever et former une pellicule destinée à des tirages retournés, pour la phototypie, par exemple, il faudrait au lieu de silicater la glace, la frotter avec un tampon recouvert de talc, l'essuyer avec soin, et la recouvrir d'une couche de collodion normal. Une fois le collodion sec, on étend la gélatine bromurée comme il a été indiqué, en ayant le soin de ne pas érailler la couche de collodion qui est rendue assez délicate par le contact du liquide tiède, et en se servant à cet effet d'un blaireau fin. Toute éraillure de la couche rendrait la gélatine adhérente à la glace en cet endroit. Le séchage s'opère comme précédemment.

Une fois qu'elles sont absolument sèches, les glaces peuvent se conserver en quelque sorte indéfiniment sans altération dans l'obscurité absolue, pourvu qu'elles soient soustraites à toutes les in-

fluences extérieures de l'air ambiant. L'humidité et
les émanations sulfureuses les rendent promptement hors d'usage, et si on veut les conserver dans
des boîtes à rainures pendant un long temps, il est
préférable que celles-ci soient hermétiquement
closes. Leur conservation en paquets de 2, de 4 ou
de 6 glaces, suivant leur dimension, présente des
avantages à la condition qu'elles soient enveloppées
dans un papier exempt de matières nuisibles. Elles
sont mises par couples, face à face, séparées les
unes des autres par des onglets ou mieux, si l'on
opère dans un climat tempéré, par quatre très petites boules de cire vierge fixées aux quatre coins.
Les onglets de papier épais ou de bristol ont l'inconvénient au bout d'un certain temps de produire
des marques à leur point de contact, et parfois ces
marques s'étendent sous forme de fusées vers le
centre de la glace. Si l'on possède un papier bien
lisse dont la pâte n'ait pas été passée au chlore ni
à l'hyposulfite de soude, il y a avantage à envelopper chaque glace séparément. Elles sont mieux
protégées contre les influences extérieures. Peut-
être le papier brun dit papier à papillottes, dont
on se sert pour envelopper tous les objets en acier
poli, parce qu'il est exempt de chlore et d'acides,
conviendrait-il à cet usage, mais il n'a pas encore
été essayé d'une manière suffisante pour pouvoir
être recommandé.

Les glaces, accouplées par deux ou par quatre, sont enveloppées dans un papier de soie, puis dans un papier noir dans la pâte. Le papier fabriqué pour envelopper les aiguilles est excellent à cause de son opacité et de sa résistance. Enfin si la conservation des glaces doit être prolongée, et si elles doivent être emportées en voyage, il est très utile de les envelopper une seconde fois dans un papier goudronné d'un côté, tel que celui dont on se sert pour les emballages. De la sorte, les glaces seront bien protégées contre les influences extérieures, et si les paquets ne sont formés que de deux ou de quatre glaces, les chances de casse seront réduites à un minimum.

Avant de passer à l'examen des opérations qui vont suivre, il convient d'ajouter, quelque intéressante que soit pour un amateur la préparation de ses propres glaces, qu'il n'est pas donné à tous de disposer d'assez de temps ni d'assez d'espace pour débuter d'une façon aussi complète. Aussi vaut-il mieux commencer plus modestement, en achetant des plaques préparées, afin d'essayer ses forces et tâter le pouls soi-même à son propre penchant pour savoir, avant d'aller plus loin, s'il est de nature à se développer ou à s'éteindre. En peu de mois d'études, on sera fixé, et si l'ardeur, au lieu de se ralentir, va sans cesse grandissant, il sera temps de développer ses moyens d'action et d'ouvrir un nouveau champ à son activité. On trouve aujourd'hui dans le commerce des produits pour la photographie, des glaces de toutes dimensions, préparées en général avec le plus grand soin. Il y en a de marques françaises et étrangères. Les françaises ne le cèdent en rien aux autres, quoi qu'on en dise, et ce sont celles-ci qu'on devra choisir de préférence.

EXPOSITION A LA CHAMBRE NOIRE

Il n'est pas aisé de fournir des indications précises pour l'exposition des glaces sensibles à la
chambre noire. La première de toutes les conditions
est d'avoir un matériel en bon état, des châssis et
une chambre ne laissant pas passer la plus petite
trace de lumière, et enfin un objectif approprié à
l'usage qu'on doit en faire. Un écueil qu'il importe
de signaler, parce qu'on le rencontre fréquemment,
est la réflexion de rayons lumineux entrant par
l'objectif sur les parois de la chambre. En effet, on
opère souvent, dans le but d'obtenir plus de rapidité, avec un objectif couvrant une surface beaucoup plus étendue que la glace à impressionner ; il
en résulte qu'une partie des rayons lumineux vient
frapper les quatre côtés de la chambre et qu'ils
produisent dans l'intérieur une sorte de lumière
diffuse qui, quoique faible, suffit pour voiler, souvent d'une façon irréparable, la glace exposée, sur-

tout si la pose n'a pas été instantanée. L'intérieur de la chambre doit donc être d'un noir mat absorbant le plus possible les rayons lumineux. Mais le remède le plus efficace consisterait à employer une chambre d'assez grande dimension pour que le faisceau lumineux vienne se projeter tout entier sur sa face postérieure sans toucher les parois latérales. Il n'est pas rare que l'on mette sur le compte de la préparation des glaces des voiles plus ou moins intenses qui ne proviennent pas d'une autre cause. On doit choisir un objectif pouvant travailler avec un grand diaphragme, tout en ayant une profondeur de foyer suffisante et en donnant une définition convenable des différents plans, si on veut obtenir des vues ou des groupes instantanés, et en écartant surtout les objectifs doubles à portrait qui déforment les objets et n'ont aucune profondeur de foyer. On se servira de préférence d'un obturateur agissant soit derrière l'objectif, soit entre les verres à l'endroit où se place le diaphragme. L'obturateur dit à guillotine, avec une fente égale au diamètre du diaphragme employé, donne de bons résultats. Mais on doit obtenir plus de rapidité encore avec les obturateurs à volet avec ou sans ressorts dont il a été construit un nombre considérable de modèles. L'inconvénient le plus ordinaire de ces derniers est la vibration difficile à éviter au moment du déclanchement qui le met en mouvement.

Quoi qu'il en soit de l'obturateur choisi, il faut se résoudre, pour obtenir des vues instantanées de quelque valeur, à n'opérer qu'en plein soleil et pendant les mois où la lumière est la plus vive. Quelle que soit la rapidité des plaques, les poses de un ou deux centièmes de seconde ne donneront que des silhouettes dépourvues de tout détail si on ne se place pas dans des conditions d'éclairage tout à fait exceptionnelles. A la main, il ne faut pas compter pouvoir obtenir des poses d'une durée moindre d'une demi-seconde. C'est ainsi que les portraits d'enfants et les groupes en plein air peuvent réussir, si l'on a soin d'adosser son ou ses modèles à peu de distance d'une muraille de feuillage ou de tout autre fond rustique , à l'ombre, le dos tourné au côté où est situé le soleil, et de préférence lorsque celui-ci est déjà incliné sur l'horizon. Au milieu du jour les ombres seraient dures et mal placées. Dans ces conditions, le temps de pose peut varier de une demi-seconde à une ou deux secondes, suivant la lumière et le diaphragme de l'objectif, et l'obturation s'opère très aisément à la main, avec quelque peu d'habitude. Pour les paysages non animés, on a plus de latitude, et l'on peut diminuer le diaphragme en augmentant la durée de l'exposition pour obtenir une meilleure définition des objets; mais on ne doit pas oublier que les très petits diaphragmes nuisent à l'effet général du paysage en faisant disparaître à l'œil les distances qui séparent les différents plans éloignés. Ils produisent toujours des paysages plats et sans effets.

L'emploi des glaces préparées au gélatino-bromure d'argent n'est pas limité à l'obtention des clichés. On s'en sert également pour obtenir des positifs par transparence de la plus grande finesse, ou des positifs par réflexion d'une exquise pureté, si la couche a été étendue sur verre opale. Les glaces ordinaires se prêtent au tirage des positifs par transparence, en les appliquant dans le châssis-presse contre un cliché, et en exposant une seconde environ à une distance de $0^m,50$ d'un bec de gaz. A la même distance d'une bougie, l'exposition peut durer dix secondes. Le développement est le même que pour les clichés, et l'épreuve une fois terminée est appliquée contre un verre finement dépoli. Il est commode, si l'on prépare des glaces avec l'intention d'en faire des positifs par transparence, de recouvrir d'émulsion des verres déjà dépolis, mais sur la face polie. On n'a ensuite, une fois que l'épreuve est terminée, qu'à recouvrir d'un verre le côté préparé, pour en protéger la couche.

DÉVELOPPEMENT DES CLICHÉS.

Pour quiconque a le goût de la photographie, il
n'y a pas d'opération plus attrayante, plus atta-
chante même, que celle qui consiste à faire paraître
l'image latente que les rayons lumineux ont tracée
dans la chambre noire sur la couche sensible. C'est
le développement de l'épreuve. Après le travail long
et minutieux dans le laboratoire de la préparation
des plaques, après les recherches auxquelles on s'est
livré, soit pour trouver des points de vue, soit pour
éclairer d'une manière artistique ses modèles, personnages ou animaux, on éprouve la légitime impa-
tience de juger du résultat obtenu, de voir enfin
l'image tracée par la lumière d'une façon si merveilleuse. C'est à ce moment que l'habileté de l'opérateur
se révèle, car, s'il est aisé de faire paraître une image
sur une glace exposée un temps à peu près convenable, il dépend de l'opérateur de la faire sortir du
néant avec toutes ses qualités, tous ses détails, ses

demi-teintes, ses clairs-obscurs et ses ombres trans-
parentes. On peut se livrer à la photographie avec
ardeur et ne pas préparer ses glaces sensibles,
bien que ce soit se priver d'une véritable jouis-
sance; mais ce serait abdiquer que de se dispenser
de révéler les glaces que l'on a exposées. Il faut
donc étudier avec une scrupuleuse attention les
manipulations qui vont être décrites , qui ne sont
d'ailleurs ni difficiles, ni compliquées, mais qui
demandent du soin et de la réflexion, car il faut
savoir raisonner les causes des insuccès ou même
des demi-succès qu'on rencontrera infailliblement
sur sa route!

Lorsque, rentré dans le laboratoire obscur,
éclairé seulement par une lumière rouge rubis, on
ouvre le châssis négatif, on trouve une glace qui
n'a subi, en apparence, aucune modification depuis
le moment où elle y a été introduite. L'image y
existe cependant, sculptée en quelque sorte dans
l'épaisseur de la couche sensible ; les réactifs doivent la pénétrer de part en part, sans cependant la
détacher de son support, la fouiller dans toute son
épaisseur et en faire sortir le dessin vigoureux et
brillant qu'aucune main d'artiste ne saurait produire. De là la nécessité indiquée plus haut des
couches relativement épaisses, sans que, cependant,
la matière sensible, emprisonnée dans la gélatine,
soit en proportion trop considérable.

Il existe dans la pratique deux méthodes très différentes de développer l'image et, pour chacune de ces méthodes, il a été publié d'innombrables formules dont la multiplicité est un grand écueil. L'une et l'autre ont des défenseurs convaincus, et l'une et l'autre ont en fait des avantages et des inconvénients dont on peut tirer parti suivant la nature particulière du travail auquel on se livre.

La première qui sera décrite ici, consiste à employer le fer comme agent réducteur. Ce mode de développement convient admirablement aux portraits, aux groupes et aux vues instantanées. Il donne à l'image, quand il est bien conduit, une douceur de ton, une profondeur dans les ombres, une harmonie d'ensemble, qui ne peuvent être surpassées, mais surtout avec les glaces à couche épaisse de gélatine bromurée. Si la couche est mince, quoique chargée en matière sensible, le révélateur pénètre trop vite au travers de la couche jusqu'à la surface du verre, dans les parties fortement impressionnées, et là, il a fini son œuvre pendant qu'il agit encore sur les demi-teintes qui continuent à se développer. Celles-ci perdent donc leur rapport avec les parties plus lumineuses du modèle; le cliché est plat, manque de vigueur et de relief. Aussi, est-ce une erreur de croire qu'on puisse utilement juger de la venue d'un cliché développé au fer en examinant dans quelle mesure

l'image est visible au dos de la glace. On voit à
coup sûr si les grandes lumières ont pénétré, ou
plutôt, ont été développées jusqu'à la surface interne de la couche ; mais, lorsqu'on en est arrivé là,
on a tout intérêt à arrêter le développement qui ne
peut plus que nuire au résultat final. Au contraire,
si la couche est épaisse, si le travail du révélateur
se fait tout entier dans son épaisseur sans atteindre
complètement sa surface interne, on n'a pas à
craindre l'inconvénient signalé plus haut, et
l'épreuve sort du bain brillante et fouillée.

On a préparé d'avance les solutions suivantes :

1° Oxalate neutre de potasse à saturation dans
de l'eau distillée. Si l'on n'a pas d'eau distillée à
sa disposition, on peut employer l'eau ordinaire ;
mais, dans ce cas, il se forme un abondant précipité
d'oxalate de chaux qu'on doit laisser déposer ou
filtrer avec soin. Il est préférable de faire la dissolution à chaud afin d'être certain d'obtenir la saturation. Si l'on opérait à froid, il faudrait laisser
pendant plusieurs heures le sel dans l'eau en
agitant fréquemment.

2° Sulfate de protoxyde de fer pur, bien vert et
non peroxydé, 30^{gr} pour 100^{cc} d'eau distillée. Là,
l'eau distillée est indispensable, sous peine d'introduire ensuite dans le développateur des traces de
chaux qui se précipiteraient à l'état d'oxalate insoluble sur le cliché. Cette solution qu'il est également

plus aisé de faire à chaud, doit être franchement acide et rougir le papier bleu de tournesol. Il est utile d'y ajouter environ 1^{gr} d'acide tartrique pour chaque 200^{cc} de solution soit $\frac{1}{2}$ pour 100. Cette addition a pour but de conserver pendant long-temps le sel de fer à l'état de protoxyde pourvu qu'il demeure exposé à la lumière du jour. Sans cette précaution, la solution se peroxyde rapide-ment et perd toutes ses propriétés développatrices.

3° Bromure d'ammonium ou de potassium, 2^{gr} pour 100^{cc} d'eau distillée.

Les solutions 1 et 3 se conservent indéfiniment.

On a également sous la main plusieurs cuvettes propres, un peu plus grandes que les glaces à déve-lopper. L'une doit servir au développement, une autre au fixage, et les autres aux lavages. Dans une éprouvette graduée, on verse d'abord 3 parties de la solution d'oxalate de potasse, puis 1 partie de la solution de fer. Le mélange devient immédia-tement jaune rouge, mais ne doit pas être trouble lorsqu'il a été remué. Il doit aussi rougir le papier tournesol bleu. S'il en était autrement, on devrait y ajouter goutte à goutte une solution fraîche à 2 pour 100 d'acide tartrique dans de l'eau distillée, jusqu'à ce que la réaction acide soit accusée. Ce mélange est versé dans la cuvette à développer en quantité suffisante pour recouvrir entièrement la glace à développer; 90^{cc} de la solution n° 1, et 30^{cc}

de la solution n° 2 faisant ensemble 120^{cc} de liquide
suffisent pour une cuvette demi-plaque, le double,
pour une cuvette de dimension à développer un
cliché $0^m,18 \times 0^m,24$. Aussitôt après, on retire la
glace du châssis négatif et on la plonge sans temps
d'arrêt dans la cuvette en ayant bien soin que
toutes ses parties soient immergées. On agite quelques instants et on ne tarde pas à voir apparaître
d'abord les grandes lumières de l'épreuve si la
pose a été convenable. Les demi-teintes suivent
de près. Cette apparition a lieu généralement au
bout de dix à quinze secondes pour les premières
épreuves, c'est-à-dire quand le développateur est
fraîchement préparé. Si au contraire l'image appa-
raissait tout d'un coup, sans une différence marquée
entre les lumières et les ombres, ce serait un signe
certain d'une pose exagérée, et il faudrait, sans
perdre un instant, retirer la glace du développateur,
et la plonger dans une cuvette pleine d'eau, pendant
qu'on ajouterait à celui-ci 8^{cc} à 10^{cc} de la solution
n° 3 de bromure alcalin, puis la glace rincée dans
l'eau distillée serait replacée dans la cuvette de
développement. On peut ainsi sauver un cliché
trop exposé, mais il faut agir sans hésiter et avec
le plus de célérité possible, et apprécier à quelle
dose le remède doit être employé. En effet l'addition
de bromure a pour but de ralentir considérablement la venue de l'image et de permettre aux lu-

mières de prendre de l'intensité sans que les demi-teintes s'accentuent outre mesure : On comprendra donc que le résultat dépendra surtout de l'appréciation de la quantité de bromure à ajouter au développateur. L'indication de 8^{cc} à 10^{cc} n'est qu'une moyenne. On pourra rester en dessous de cette quantité ou la dépasser largement, suivant qu'il s'agira de corriger un cliché plus ou moins compromis par un excès de pose : mais il est entendu que le mal ne pourra se pallier que dans de certaines limites et que, si l'excès de pose est très considérable, il y aura peu de chance de réussir en dernière analyse.

Si, au contraire, la pose paraît avoir été convenable, il est inutile, du moins pour les glaces préparées suivant les formules indiquées dans cette étude, et aussi pour celles de plusieurs fabricants connus, d'avoir recours à l'addition du bromure dans le développateur. Il tendrait à exagérer l'opacité des noirs du cliché et ferait venir une épreuve dure, heurtée, avec des contrastes exagérés. Le développement se continue pendant quelque temps, une à deux minutes, souvent plus, rarement moins. Il faut, pour qu'il soit complet, que la glace, vue par transparence devant la lumière rouge, paraisse avoir dépassé de beaucoup le but à atteindre, et que, vue par réflexion dans le liquide, les parties restées blanches au début du développement aient pris une teinte marquée, non point uniforme, mais proportionnelle à l'impression qu'elles ont reçue. Aucune partie ne doit conserver l'aspect du blanc pur, si ce n'est la bande de la glace qui a pu être protégée des rayons lumineux par la feuillure du chassis ou par les taquets qui la maintenaient en position. Toutefois, ce moyen d'appréciation du degré de développement ne s'applique qu'aux vues et portraits, et non aux reproductions de traits noirs sur blanc, ceux-ci devant au contraire conserver une pureté immaculée. Si l'on travaillait à des reproductions de cette nature, il serait nécessaire, dès avant le développement, d'ajouter une proportion notable de solution de bromure pour provoquer cette dureté et cette opacité qu'il faut avant tout éviter dans la reproduction des sujets avec demi-teintes.

Dans le développateur, l'épreuve monte donc progressivement de ton jusqu'à ce qu'elle ait atteint le degré voulu. Il ne faut pas se dissimuler que ce degré est difficile à saisir au début, et il ne faut pas craindre de perdre de nombreuses glaces pour se rendre bien maître de cette partie du développement, aucune indication plus précise ne pouvant être fournie. Ici, l'expérience ne peut pas se suppléer, mais on l'acquerra d'autant plus vite qu'on aura porté une attention plus soutenue à ses premiers essais, qu'on aura, en un mot, mieux appliqué son jugement à se rendre compte des différentes phases successives du développement. On obtient aussi des effets différents suivant qu'on agite ou qu'on laisse en repos le développateur pendant le temps que la glace y demeure plongée : on obtiendra un cliché plus doux et plus uniforme en n'agitant pas le liquide ; au contraire, en le remuant sans cesse sur la couche sensible, on obtiendra des effets plus violents et des contrastes plus marqués. Ceci s'explique par ce fait que le développateur au repos épuise plus vite son action sur les parties du cliché vivement impressionnées, tandis qu'il est moins appauvri sur les demi-teintes sur lesquelles il continue à agir. Au contraire, si l'on mélange constamment le liquide, il agit d'une manière égale sur toutes les parties de la couche sensible proportionnellement à l'impression lumineuse que chacune de ses parties a reçue.

Il reste à examiner les conditions de développement d'une glace dont la pose a été trop courte. Si l'insuffisance de pose est très marquée, il n'y a rien à tirer du cliché, car on ne peut suppléer à l'absence d'impression lumineuse dans les parties sombres. Mais souvent cette insuffisance n'est pas telle qu'on ne puisse tenter un sauvetage. Lorsqu'une épreuve trop peu posée est dans le développateur, les grandes lumières apparaissent, mais les demi-teintes tardent à se montrer, puis ne viennent que d'une manière incomplète pendant que les lumières montent toujours de ton et arrivent, au bout d'un certain temps d'immersion, à l'opacité complète. Dans ce cas, il faut, dès le début, ajouter au développateur, mais avec une excessive prudence, des traces d'hyposulfite de soude. Cette addition peut même toujours se recommander lorsqu'on développe des épreuves dites instantanées. Il faut avoir la main légère en faisant ce mélange, car l'hyposulfite de soude n'agit utilement dans ce cas que s'il est employé en proportion en quelque sorte homœopathique. Le plus sûr est d'avoir sous la main une dilution à un pour mille d'hyposulfite dans de l'eau distillée. On en ajoute par centimètres cubes, c'est à dire par milligrammes de sel dans le développateur et on mêle avec soin avant d'y plonger la glace. La dose peut varier de 1^{cc} à 10^{cc} pour 120^{cc} de bain suivant le degré d'action qu'on veut obtenir, ce qui donne une proportion variant de $\frac{1}{12000}$ à $\frac{1}{120000}$. Quelque minimes que soient ces quantités, l'action est très appréciable et le développement s'accélère surtout sur les demi-teintes qui apparaissent là où rien n'eût été visible. Mais si l'on dépasse la mesure que, seule, l'expérience indiquera d'une manière certaine, un voile général se répandra sur l'épreuve qu'il sera difficile de sauver. On pourra cependant le tenter encore par une addition immédiate de solution de bromure

qui contrebalancera l'action de l'hyposulfite ; mais
ces corrections sont si délicates, demandent à être
faites avec un tel à-propos, que ce ne peut être
qu'après de nombreux essais, souvent infructueux,
qu'on deviendra maître de ces moyens. La pratique
guidera mieux que tous les conseils.

Lorsque la glace est développée à point, on la
plonge de suite dans une cuvette pleine d'eau que
l'on renouvelle deux ou trois fois jusqu'à ce qu'elle
soit débarrassée de la plus grande partie du développateur qui la mouillait, ce que l'on reconnaît
lorsque l'eau de lavage ne se teinte plus en blanc
par la formation d'un précipité d'oxalate de chaux.
On l'immerge alors dans un bain neuf d'hyposulfite de soude à 20 pour 100 dans de l'eau, et on l'y
laisse séjourner non seulement le temps nécessaire pour que la couche de bromure non impressionnée soit dissoute, et que, vue de dos, il n'y ait
plus trace de matière blanche, mais quelques
minutes de plus, afin que le fixage soit bien complet. Un moyen plus sûr encore consiste à avoir
deux bains de fixage semblables. Lorsque, dans le
premier, le cliché a perdu entièrement sa teinte
blanche, on le plonge pendant quelques instants
dans le second qui le débarrasse même de la solution argentique emprisonnée dans la gélatine.
Ensuite on lave abondamment sous le robinet.
Mais il est une précaution utile à prendre au sortir

du dernier bain d'hyposulfite, bien qu'elle ne soit pas indispensable; c'est d'immerger le cliché pendant quelques minutes dans un bain d'alun ordinaire à saturation dans l'eau. Non seulement la couche impressionnée se raffermit et se tanne dans cette solution, mais surtout elle se nettoie et s'éclaircit dans les grandes lumières, c'est-à-dire dans les parties sombres de l'épreuve. Les clichés baissent légèrement de ton dans ce bain, mais ils gagnent beaucoup en pureté, en transparence et en douceur. Il est préférable de ne pas les laver entre le bain d'hyposulfite et le bain d'alun. Après quelques minutes de séjour dans ce dernier, la glace est abondamment lavée sous le robinet et mise à séjourner dans une cuvette pleine d'eau pendant douze heures, cette eau devant être fréquemment renouvelée afin de faire disparaître les plus légères traces des différents produits employés dans les bains précédents. Un lavage parfait est indispensable à la conservation des clichés, et l'on ne saurait y apporter un trop grand soin. On construit pour cet usage des cuvettes verticales en zinc avec des rainures de façon à y introduire plusieurs glaces à laver à la fois, et on les y laisse séjourner dix à douze heures en renouvelant sans cesse l'eau par un écoulement lent sous le robinet.

Une fois lavé, le cliché peut être jugé trop faible ou trop intense. On peut y remédier dans une certaine mesure, bien qu'on doive s'efforcer d'obtenir du premier coup une épreuve à point.

Si le cliché est trop faible, trop uniforme et que ses parties noires aient une transparence exagérée, il faut le renforcer. De nombreuses méthodes ont été indiquées dans ce but. La suivante est celle qui se prête le mieux aux circonstances diverses en présence desquelles on peut se trouver :

La glace, lavée comme il est dit plus haut, est plongée d'un seul coup dans une cuvette contenant une solution saturée de bichlorure de mercure. Au bout de quelques instants, la couche impressionnée tourne au gris-perle, puis au blanc sale : il faut la surveiller avec le plus grand soin pendant cette transformation, parce que du degré de modification de la couche dépendra le degré d'intensification finale. Si on arrête l'action du bichlorure au début, à l'état gris, l'intensité obtenue sera modérée ; si on attend que la surface soit entièrement blanche, ce qui a lieu après quelques minutes, on aura une opacité à peu près complète des noirs. Quel que soit le point auquel on s'arrête — et là, la latitude est grande — on retire la glace pour la plonger dans l'eau et on la lave quelques instants sous le robinet pour enlever le sel de mercure. On la plonge ensuite sans temps d'arrêt dans une cuvette contenant un mélange de 5 à 10 pour 100 d'ammoniaque concentrée dans de l'eau. Aussitôt la couche blanche noircit, et l'effet se produit progressivement dans toute l'épaisseur de la couche après une immersion de quelques minutes. On la retire ensuite pour la laver abondamment, mais seulement lorsqu'on s'est assuré que l'ammoniaque a agi complètement. Il n'y a pas d'inconvénient à la laisser plus long-temps qu'il n'est nécessaire dans cet alcali, car son action consiste uniquement à noircir la couche blanchie de gélatine, et cela dans la mesure seule de l'action produite antérieurement par le bain de bichlorure de mercure. L'ammoniaque transforme la couleur mais n'intensifie pas. Il est préférable de laver ensuite longuement l'épreuve, après ces opérations, — la conservation du cliché paraissant mieux assurée dans ces conditions, — bien qu'il ne soit pas certain qu'elle soit aussi prolongée dans ce cas que celle d'un cliché simplement développé au fer et soigneusement lavé.

Si le cliché au contraire est trop intense, on peut facilement le baisser de ton, mais il est bien rare que ce ne soit pas au détriment des détails de l'image; il ne faut donc user de ce moyen qu'avec une excessive réserve, et il serait préférable de n'avoir jamais à l'employer.

On plonge le cliché dans un mélange d'eau et d'eau iodée, environ 10 à 15 de cette dernière pour 100 d'eau. L'eau iodée qu'il est toujours utile d'avoir en provision dans le laboratoire, est une dissolution d'iode en paillettes dans une solution d'iodure de potassium.

Eau..	100
Iodure de Potassium...................	5
Iode en paillettes.....................	en excès

La couche de gélatine ne tarde pas à prendre dans ce bain une teinte jaune qui s'accentue de plus en plus. Il se forme de l'iodure d'argent qu'on dissout ensuite dans un bain d'hyposulfite de soude, puis on lave abondamment. On comprend donc que plus on laissera séjourner le cliché dans le bain iodé, plus il se formera d'iodure d'argent, et plus l'image s'affaiblira dans l'hyposulfite, au point qu'on peut détruire complètement l'épreuve. Il faut par conséquent agir avec les plus grands ménagements, et s'y prendre de préférence à plusieurs reprises, de crainte de dépasser le but et de perdre irréparablement le cliché.

Lorsque les lavages sont terminés, on pose les glaces sur un égouttoir et on les laisse spontanément sécher à moins qu'on ne désire en obtenir des épreuves positives le jour même. Dans ce cas, on hâte leur dessication en les épongeant à plat avec une feuille de papier buvard bien propre et bien lisse sur laquelle on passe la paume de la main en tous sens et en évitant les plis ; cela fait, on plonge la glace, pendant quelques minutes, dans

5

une cuvette contenant de l'alcool ordinaire qui absorbe la plus grande partie de l'eau incorporée à la gélatine, on l'égoutte et on la laisse sécher dans un courant d'air ou à une douce chaleur qui ne doit pas dépasser 25° à 30° C. La dessication est complète en moins d'une demi-heure, et le cliché peut être tiré. Toutefois, il est plus prudent, surtout si le cliché a quelque valeur, d'en protéger la couche contre l'humidité et contre le contact des sels d'argent qui se trouvent à la surface du papier positif, par un vernis de bonne qualité. Un de ceux qui répondent le mieux à cet objet est le vernis à la gomme laque dissoute dans de l'alcool et appliquée à chaud. Mais il est encore plus aisé et presque aussi sûr de recouvrir l'épreuve d'une couche de collodion normal appliquée de la façon dont on collodionne les glaces dans le procédé humide.

Maintenant que la série des opérations du développement au fer est connue, il faut revenir un peu en arrière, au moment où la première glace entièrement développée passe du bain de développement dans le bain de fixage après avoir été lavée, pour étudier la meilleure utilisation du premier de ces bains. On peut successivement, dans la même cuvette, développer de 4 à 6 glaces, sans que la solution s'épuise d'une manière trop sensible. A partir de la troisième ou de la quatrième, le développement sera peut-être quelque peu plus prolongé, mais il n'en sera pas moins bon ni moins complet, même pour les épreuves rapidement posées. Après la sixième glace, il sera préférable de le mettre de côté dans un flacon bouché et d'en préparer un nouveau pour les suivantes. Mais il faut se garder de rejeter ces vieux bains, car ils peuvent être aisément revivifiés et servir en quelque sorte jusqu'à épuisement.

A cet effet, n ajoute au développateur qui a servi et qui a pris une teinte foncée, quelques gouttes, c'est-à-dire 1 pour 100 environ d'une solution d'acide tartrique à 4 pour 100 dans de l'eau distillée. Puis, après avoir agité pour opérer le mélange, on bouche le flacon et on le dépose dans un endroit éclairé ou même au soleil; sous l'influence des rayons lumineux, l'acide tartrique ramène le sel de fer peroxydé à l'état de protosel, et lui restitue ainsi ses propriétés développatrices, ce que l'on peut constater par le retour du bain à sa couleur primitive, moins foncée. Après quelques heures d'exposition à la lumière diffuse, ou quelques minutes aux rayons du soleil, le bain peut servir de nouveau à développer une série de glaces. Son action sera plus lente, quoique non moins sûre, mais pour que cette très minime addition d'acide tartrique produise l'effet attendu, il est indispensable que le bain accuse une réaction acide. S'il

n'en était pas ainsi, il faudrait l'amener à cet état
d'acidité en augmentant la dose d'acide tartrique.
Chaque fois qu'on s'est servi du développateur, on
lui fait subir la même opération, mais, à la longue,
il se dépose au fond du flacon des cristaux d'un sel
vert qui paraît être un oxalate ferrico-potassique
qui appauvrit forcément le bain : il est donc utile de
temps à autre de rétablir son équilibre par l'addition d'une dose de développateur fraîchement préparé. La formation de ces cristaux, qui n'ont d'ailleurs pas d'autres inconvénients et qu'on peut
laisser séjourner au fond du flacon, paraît être
proportionnelle aux quantités d'acide tartrique
introduit dans le liquide. Il faut, en conséquence,
s'étudier à n'en mettre que de petites doses, pas
davantage qu'il n'est nécessaire pour provoquer la
désoxydation du sel de fer. Des bains entretenus de
cette façon depuis six mois donnent encore d'excellents résultats, même sur des épreuves instantanées, après avoir servi à développer plus de cent
glaces. Si l'acidité trop prononcée du développateur
tend à donner des épreuves dures, on remédie à
cet inconvénient par l'addition de traces d'hyposulfite de soude ainsi qu'il a été recommandé plus
haut.

La seconde méthode de développement des glaces
au gélatino-bromure d'argent est la méthode alca-
line appliquée depuis de nombreuses années au

développement des glaces préparées au collodion sec ou à l'émulsion au collodion. Elle peut donner aussi d'excellents résultats et est peut-être même préférable dans certains cas spéciaux au développement à l'oxalate de fer : notamment avec des couches minces de matière sensible, ou lorsqu'il s'agit d'obtenir des clichés de reproduction de traits pour la phototypie. Quant à a durée de la pose, elle ne paraît pas pouvoir être réduite, quoi qu'on en ait dit, plutôt avec un mode de développement qu'avec l'autre.

Par contre, l'acide pyrogallique offre certains inconvénients dont on ne peut se garantir que dans une certaine mesure. C'est, d'une part, la teinte plus ou moins colorée que prend, dans toute son épaisseur, la couche de gélatine, teinte jaune et peu photogénique qui trompe facilement sur l'harmonie générale du cliché et sur son intensité réelle ; c'est, d'autre part, la stabilité douteuse de l'image négative ; non pas qu'il y ait à redouter de voir disparaître un cliché bien fixé et bien lavé lorsqu'il a été développé à l'acide pyrogallique, mais il n'est pas contestable que celui-ci ne se modifie lentement et ne change plus ou moins de teinte sous l'action de la lumière, c'est-à dire après des tirages prolongés. C'est sans doute une modification qui se produit dans la teinture absorbée par la gélatine pendant le développement et dont rien ne peut la débar-

rasser complétement malgré tous les moyens mis
en avant dans ce but. Quoi qu'il en soit, il paraît
certain que des glaces au gélatino-bromure d'argent développées à l'acide pyrogallique sont plus
susceptibles de se modifier à la longue sous l'action
de la lumière que les mêmes glaces développées au
fer. C'est un facteur dont il faut tenir compte dans
certains travaux.

On fait une solution à 1 pour 100 d'acide pyrogallique dans de l'eau distillée. Cette solution doit
être fraîche et ne pas être préparée pour plus d'une
journée de travail. Il peut être commode, pour
éviter les pesées fréquentes, d'en faire une solution
mère à 10 pour 100 dans l'alcool absolu, solution
qui se conserve quelque temps incolore, et dont il
faut en conséquence prendre environ 10^{cc} pour les
ajouter à 90^{cc} d'eau distillée, soit comme ci-dessus,
1 d'acide pour 100 de liquide. On a préparé, d'autre
part et d'avance, la solution ammoniacale suivante :

Eau distillée.. . . . . 500^{cc}
Ammoniaque concentrée.. . . . . 10^{cc}
Bromure d'ammonium. . . . . 10^{gr}

Lorsqu'on veut développer une glace 13 × 18,
on mélange parties égales des deux liquides,
50^{cc} de chacun, par exemple, et on verse ce mélange sans temps d'arrêt dans une cuvette propre

contenant la glace à développer, en remuant sans
cesse le liquide pour que les parties de la couche
sensible se trouvent également et constamment
mouillées par le développateur. L'image doit apparaître très rapidement, en quelques secondes, et
arriver en peu d'instants à son développement
complet, ce dont on juge en examinant l'image
par réflexion et par transparence, en ne perdant
pas de vue que la couleur de la couche étant
essentiellement antiphogénique, il est nécessaire
de rester plutôt en deçà qu'au delà de la transparence désirée.

Si l'image apparaît brusquement et uniformé-
ment, c'est que la pose aura été trop prolongée, et
il pourra être utile d'ajouter au mélange de 10^{cc} à
20^{cc} de la solution pyrogallique, en même temps
que quelques gouttes d'une solution à 2 pour 100
de bromure d'ammonium qu'il faut avoir toujours à portée de la main. Cette addition ne fera
pas que l'image ait moins posé, mais donnera de la
vigueur aux noirs et rendra quelque peu de brillant à l'épreuve qui serait restée grise et uniforme.
Si, au contraire, la glace demeure quelque temps
dans la cuvette sans que l'image apparaisse, puis
que les grandes lumières se détachent seules,
entraînant péniblement à leur suite des demi-teintes
insuffisantes, on peut être certain que la pose a été
trop courte. Dans ce cas, on peut tenter de remé-

dier au mal aussitôt qu'on s'en aperçoit, en étendant le développateur d'un volume d'eau égal au sien, et en continuant ensuite le développement en ajoutant petit à petit et avec prudence, quelques centimètres cubes de la solution ammoniacale. On a ainsi réduit de moitié dans le développateur la proportion d'acide pyrogallique, et on empêche les noirs de trop s'accentuer pendant le temps employé à faire sortir les détails qui consentent à se montrer. Si l'on a la main trop lourde en ajoutant la solution ammoniacale, on aura des chances de provoquer un voile qui pourra compromettre l'épreuve. Mais on ne doit oublier dans aucun cas que les moyens qui précèdent ne sont que des remèdes et que de tous les remèdes, les meilleurs ne valent pas grand chose. Il vaut mieux se mettre dans des conditions à n'en avoir pas besoin.

Aussitôt que le cliché est arrivé au point voulu du développement, on rejette le développateur et on lave abondamment la glace sous le robinet; il est utile qu'elle soit le plus possible débarrassée de toute trace du liquide coloré, qui, malgré la rapidité du développement, a plus ou moins teinté la couche de gélatine. On l'immerge ensuite dans le bain de fixage, indiqué précédemment, soit 20 d'hyposulfite de soude pour 100 d'eau, ou mieux dans les deux bains successifs recommandés pour enlever toute trace de sels solubles d'argent. La durée du fixage peut varier entre cinq minutes et dix minutes, mais peut être prolongée sans inconvénient au delà de ce temps, pourvu que la solution servant au fixage n'ait point encore servi, et surtout n'ait point servi à fixer antérieurement des clichés développés au fer, ce qui serait une cause à peu près certaine de taches : d'une manière générale, le liquide fixateur doit toujours être neuf ou, du moins, ne servir que pour une série d'opérations successives et ne jamais être conservé pour l'usage du lendemain.

Après le fixage, un lavage minutieux et prolongé est indispensable, de même qu'après le développement au fer. Il s'opère d'ailleurs exactement dans les conditions qui ont été indiquées précédemment. Si, une fois terminé, le cliché est trop doux ou trop accentué, il peut être relevé de ton, ou modéré en employant les formules déjà données, au bichlorure de mercure et à l'ammoniaque, ou bien à l'eau iodée suivie d'une immersion dans l'hyposulfite de soude. Mais, dans l'un et l'autre cas, le cliché doit auparavant avoir été rigoureusement débarrassé de toute trace des liquides précédemment employés par un séjour prolongé dans de l'eau fréquemment renouvelée. Le séchage et le vernissage s'opèrent comme il a été dit plus haut.

Dans les quelques pages qui viennent d'être consacrées aux développement des glaces préparées au gélatino-bromure d'argent, il n'a pas été fait mention, à dessein, de certaines causes d'insuccès, parce que ces insuccès n'ont d'autre origine qu'une préparation défectueuse des glaces ou l'emploi de produits d'une mauvaise qualité. Ainsi, le soulèvement de la couche sensible de gélatine bromurée, si fréquent dans ces dernières années, et heureusement devenu très rare aujourd'hui, ne se produira jamais si l'on a employé, comme il convient, une gélatine un peu dure, fraîchement préparée, et surtout si on ne lui a pas fait subir, par les lavages, égouttages et séchages répétés, une série de manipulations dépassant la limite de sa force de résistance! La température à laquelle on opère a aussi une grande importance à ce point de vue. Il est préférable que la température ambiante ne dépasse guère 20° C., que l'atmosphère ne soit pas orageuse ni l'air saturé d'humidité, toutes conditions qu'il ne faut pas considérer comme absolument rigoureuses, mais dont il est bon de tenir un certain compte lorsqu'on fabrique la substance sensible.

On remédie, dans une certaine mesure, aux soulèvements en passant la glace, soit avant, soit après le développement, dans une solution saturée d'alun ordinaire, ou bien en mélangeant au bain de fixage un tiers de son volume de ladite solution d'alun. Ceci réussit souvent, mais seulement quand le mal

n'est pas bien grand, car il est telle couche de gélatine qui se soulève et se détache spontanément,
dans le bain même d'alun. Si le décollement a lieu
par les bords de la couche et qu'il se propage
parce que le liquide gagne de proche en proche
entre la couche et la surface du verre, on peut utilement, avec un fin pinceau trempé dans un vernis
alcoolique, vernir les bords de la couche sensible
sur une épaisseur de 2^{mm} à 3^{mm} afin qu'elle ne
puisse pas être soulevée par le liquide, ou, plus
simplement encore, frotter sur les bords de la
glace, en y appuyant, un morceau de cire vierge
qui formera tout autour une bande mince qui ne
sera ni mouillée ni, par conséquent, développée.
Toutefois, si la couche sensible doit se soulever par
le centre, il reste peu d'espoir, mais on peut encore
tenter le moyen suivant qui, sans être infaillible,
rend service quand on a à développer une série de
glaces exposées dont l'absence d'adhérence n'est
malheureusement pas douteuse : en sortant la
glace du châssis pour procéder au développement,
on y passera le blaireau pour en chasser les poussières et on la recouvrira d'une couche de collodion normal à 1 pour 100, soit :

Alcool.   50
Éther sulfurique.   50
Coton azotique.   1

On inclinera en tous sens pour égaliser la couche

et on agitera lentement, l'angle d'écoulement toujours en bas, jusqu'à ce qu'elle ait fait prise. A ce moment alors, on plonge la glace dans le développateur, quel qu'il soit, en remuant jusqu'au complet développement. Celui-ci s'effectue sensiblement comme s'il n'y avait pas eu de couche de collodion interposée, et il est rare qu'il se produise de soulèvement de la matière sensible. Aucune des opérations suivantes n'est modifiée par ce qui précède ; mais il est indispensable que le développement s'opère avant que le collodion n'ait commencé de sécher sur la gélatine. Il n'aurait pas lieu dans les parties sèches, et il faut aussi que la couche ait suffisamment fait prise pour qu'elle ne se désagrège pas dans le bain. Il n'y a aucune difficulté à apprécier le moment voulu de l'immersion dans le développateur.

Une des autres causes d'insuccès, dont on ne devrait pas avoir à se préoccuper, est le voile, plus ou moins intense, plus ou moins coloré, plus ou moins acceptable, si l'on peut ainsi parler, qui se développe souvent en même temps que l'épreuve. En principe, avec des glaces soigneusement préparées, lorsqu'on a pris toutes les précautions recommandées, on ne doit pas avoir de voile. En pratique, on en a souvent, mais beaucoup moins avec le développement au fer qu'avec celui à l'acide pyrogallique. D'une manière générale, on combat

la tendance au voile par une addition de bromure
alcalin dans le développateur. C'est un remède par-
tiel dans beaucoup de cas. Dans l'acide pyrogallique, certaines glaces absorbent la teinture du
développateur plus rapidement que d'autres : c'est
la raison pour laquelle il est toujours préférable
de développer rapidement avec cette méthode. Si
l'immersion est trop prolongée, la teinte générale
s'accentue et on ne tarde pas à voir apparaître le
voile vert par réflexion et rouge par transparence.
Quand on en arrive là, on est bien près d'avoir irréparablement compromis son cliché. Le plus sûr est
de l'arrêter à ce moment et de le laver abondamment pour enrayer l'action qui a commencé à se
produire. On diminue quelque peu ce voile vert-
rouge en passant pendant quelques instants la glace
dans la solution de bichlorure de mercure, puis
dans l'ammoniaque dilué, mais on modifie en même
temps l'intensité de l'image et il ne faut pas, au
milieu des remèdes, perdre par trop de vue le résultat final.

Quelques mots encore, avant de terminer, sur les
nombreuses formules de développement qui ont été
successivement publiées, recommandées, puis, pour
la plupart, sont tombées dans l'oubli, parce qu'elles
n'étaient en somme que des paraphrases plus ou
moins ingénieuses, sans intérêt pratique, des formules primitives. Les formules de développement

à l'oxalate de fer ont peu varié depuis que ce mode a été conseillé, il y a quelques années; seuls les moyens de le préparer ont été modifiés et simplifiés, mais le résultat est toujours sensiblement le même, qu'on prenne le fer à l'état d'oxalate tout préparé, pour le dissoudre ensuite dans l'oxalate neutre de potasse, ou qu'on le prenne à l'état de lactate, de sulfate, etc., pour le transformer, par double décomposition dans la solution d'oxalate de potasse. Des formules beaucoup plus nombreuses ont été mises en avant pour le développement alcalin à l'acide pyrogallique. Toutes réussissent plus ou moins, mais sans avantages marqués les unes sur les autres, et celle qui a été donnée ici répond d'autant plus à tous les besoins qu'elle est essentiellement modifiable dans ses proportions suivant la nature et le temps de pose des glaces à développer. L'emploi, concurremment à l'acide pyrogallique, d'une proportion de sulfite de soude, autour duquel il a été fait grand bruit, paraît délaissé, mais il y a parfois intérêt à retarder un peu l'oxydation de l'acide pyrogallique en présence de la couche sensible, et on obtient ce résultat, dans une certaine mesure, en ajoutant au développateur, ou mieux à chacun des liquides devant, par leur mélange, former le développateur, soit un sirop de sucre raffiné, soit une certaine quantité de glycérine. Le résultat est à peu près le même dans l'un et dans l'autre cas, et la proportion à ajouter n'a que peu d'importance, le but à atteindre étant surtout de retarder la coloration du liquide et, par suite, du cliché.

Telle est la seule modification qu'il puisse être parfois utile de faire subir au développateur à l'acide pyrogallique, mais dont les débutants devront s'abstenir par crainte de complication, jusqu'à ce qu'ils se soient absolument rendus maîtres des moyens de développement dans toute leur simplicité.

TIRAGE DES ÉPREUVES POSITIVES

Le but de ce chapitre complémentaire est de fournir aux débutants des indications précises qui leur permettent d'obtenir de suite de bonnes épreuves de leurs clichés, et de leur éviter les tâtonnements que rend si fréquents la multiplicité des formules publiées. Si l'on veut étudier d'une façon sérieuse la question si intéressante et en même temps si complexe des tirages aux sels d'argent, on doit se reporter au remarquable mémoire sur ce sujet présenté à l'Académie des Sciences par MM. Davanne et Girard, il y a dix-huit ans, et qui demeure, malgré son ancienneté, l'étude la plus complète et la plus neuve qui ait été faite sur la matière (1). Il ne sera donné ici qu'une seule méthode et qu'une seule formule simple pour chaque opération.

(¹) *Recherches théoriques et pratiques sur la formation des épreuves photographiques positives*, par MM. Davanne et Girard — Gauthier-Villars. In-8, 1864.

6.

On trouve dans le commerce des produits photo-graphiques de l'excellent papier albuminé salé qu'il est aisé de sensibiliser soi-même en faisant flotter la feuille, du côté albuminé, sur un bain d'azotate d'argent cristallisé, à 15 ou 18 pour 100, et légèrement acidulé par quelques gouttes d'acide azotique. Une fois séché, ce papier, exposé derrière un cliché, donne de bonnes épreuves, mais il a l'inconvénient de ne pouvoir se conserver plus d'un jour ou deux sans jaunir et sans devenir impropre aux tirages. Il sera plus économique pour les ama-teurs de se procurer un papier que l'on vend main-tenant tout sensibilisé et qui, grâce à une prépa-ration acide, se conserve pendant plusieurs se-maines suffisamment blanc si l'on a soin de le conserver sous pression à l'abri du jour et de l'hu-midité. En ne s'écartant pas des indications qui suivent, on peut obtenir, avec ce papier, de fort belles épreuves, d'un ton chaud, qui ne sont guère inférieures à celles imprimées sur papier fraîche-ment sensibilisé.

On commence par placer sur la glace forte d'un châssis-presse le cliché que l'on veut tirer, dont l'envers a été soigneusement nettoyé et dont la couche de gélatine a été recouverte de vernis ou de collodion normal. Sans cette précaution, on aurait de grandes chances de compromettre le cliché, le composé argentique du papier produisant des taches irréparables sur la gélatine en présence de la moindre trace d'humidité. Le côté nu du verre du cliché repose sur la glace forte, et, sur celui où se trouve l'image négative, on étale, bien à plat, la feuille de papier, le côté sensible en contact avec le cliché. On a eu soin de couper la feuille de papier de façon à ce qu'elle déborde un peu celui-ci, et on a fait une corne aux quatre coins de ladite feuille pour faciliter l'examen de la venue de l'image. On place ensuite quelques doubles de papier buvard sur le tout pour former une sorte de matelas qui maintient les deux surfaces en contact sur toute leur étendue, et on ferme la planchette du châssis maintenue par des ressorts.

L'exposition du châssis à la lumière du jour demande quelques précautions suivant la nature du cliché, si l'on veut obtenir de celui-ci tout ce qu'il peut donner. Ainsi, on exposera à une lumière douce, à l'ombre, et au besoin même en les protégeant par un papier dioptrique placé à l'extérieur du châssis, les clichés uniformes et sans grande vigueur, les clichés trop posés et offrant peu de contraste entre les clairs et les ombres ; c'est le moyen de corriger ces défauts en partie. Si, au contraire, on a affaire à un cliché heurté, dont les noirs manquent de transparence, on s'efforcera d'obtenir une impression rapide, à une vive lumière, et même au soleil, bien qu'il ne faille pas en abuser. Dans ce cas, il est très utile, comme l'a indiqué, il y a bien des années, M. de Villecholles, de donner une légère teinte au papier en l'exposant pendant quelques secondes au jour avant de l'appliquer sur le cliché Cette teinte, qui doit être légère, paraît rompre l'inertie de la couche sensible et permet de tirer parti de clichés trop développés et trop poussés qui ne donneraient, sans cette précaution, que des images noires et blanches sans demi-teintes. Ce petit moyen, intelligemment mis en œuvre, rend d'excellents services.

On surveille la venue de l'image en soulevant de temps à autre un des côtés de la planchette du châssis, et en regardant rapidement la partie correspondante de la feuille de papier sensible que l'on soulève par une des cornes. Un peu d'habitude est nécessaire pour apprécier exactement le moment où il faut faire cesser l'exposition, mais on l'acquiert vite. L'image doit être un peu plus foncée qu'elle ne sera, une fois terminée, mais sans exagération. Lorsqu'elle est à point, on la met en réserve dans un endroit obscur, de préférence dans un cahier de papier buvard propre et on en accumule ainsi un certain nombre avant de procéder aux opérations suivantes qu'on peut remettre utilement au soir. Il n'y a pas d'inconvénient à garder quelques jours les épreuves en cet état, mais il est nécessaire qu'elles soient à l'abri de l'humidité et

que le délai ne soit pas trop long. Avec l'expérience.
on verra qu'il est souvent utile de modifier quelque
peu l'épreuve tirée avant de la fixer. Dans certains
paysages, on obtient des effets très artistiques en
imprimant des nuages sur le ciel blanc au moyen
de clichés de nuages que l'on applique sur la partie
convenable de l'image. On porte alors le tout au
jour en ayant soin de masquer, avec une feuille de
papier plus ou moins découpée suivant le sujet, les
parties du terrain, des arbres ou des monuments
qui ne doivent pas recevoir une seconde impression. Ce masque ne devra pas être appliqué sur la
glace, mais maintenu à une certaine distance, et
changé légèrement de place pendant les quelques
instants que durera l'impression des nuages, afin
que ses contours ne marquent pas sur l'épreuve. A
défaut de clichés de nuages, on peut se contenter
de teinter d'une façon inégale les ciels généralement trop blancs en faisant mouvoir lentement à la
lumière, et de haut en bas, sur le ciel de l'épreuve,
le bord d'une feuille de papier opaque ou de
carton. Pour les épreuves de portraits ou de groupes
en plein air, il est parfois utile de teinter les parties de l'image qui doivent moins attirer l'attention.
On peut ainsi obtenir des effets heureux parce que
les personnages paraissent avoir été mis plus en
lumière, et que le regard ne se perd pas sur des
objets de moindre importance. Ce résultat s'obtient

aisément en exposant l'épreuve au jour, et, pendant ce temps, en masquant, toujours à une certaine distance de l'épreuve, les parties qui ne doivent pas recevoir de teinte. On doit, comme plus haut, remuer légèrement le masque pour que ses contours ne soient pas accusés sur l'épreuve une fois terminée. Un emploi judicieux et modéré de ces moyens permet, dans beaucoup de cas, d'ajouter à la valeur artistique des épreuves.

On procède ensuite au virage et au fixage, car l'épreuve, telle qu'elle sort du châssis, possède une teinte rouge qu'il faut modifier, et la lumière effacerait rapidement l'image si on n'enlevait pas les sels d'argent non impressionnés. On a préparé d'avance les bains suivants : 1° bain d'or ; 2° bain d'hyposulfite de soude.

On dissout 1^{gr} de chlorure d'or, ou mieux de chlorure double d'or et de potassium, dans 200^{cc} d'eau distillée. Cette solution, qui sert de réserve, se conserve indéfiniment. Vingt-quatre heures avant de s'en servir, on prépare le bain de virage en mélangeant 50^{cc} de cette solution à 950^{cc} d'eau distillée ou de pluie filtrée dans laquelle on a ajouté environ 5^{gr} de craie en poudre (blanc d'Espagne). On agite le tout et on laisse reposer, jusqu'au moment de s'en servir, dans un endroit éclairé. Si l'on employait ce bain peu de temps après l'avoir préparé, les épreuves vireraient très rapidement, en peu de secondes, mais seraient en même temps profondément altérées; elles seraient *rongées* par le virage, deviendraient plates et sans vigueur après le fixage. Il est donc indispensable de n'utiliser le bain que vingt-quatre heures après sa préparation, lorsqu'il s'est spontanément modifié, ce que l'on constate par sa décoloration. Jaune lorsqu'il vient d'être préparé, il devient incolore après quelques heures, surtout lorsqu'il a été exposé à la lumière du jour. Cette modification, ses causes et ses résultats sont étudiés de la façon la plus complète dans le Mémoire cité plus haut, de MM. Davanne et Girard.

Le bain d'hyposulfite est préparé en faisant dissoudre 20^{gr} d'hyposulfite de soude dans 100^{cc} d'eau ordinaire filtrée. Il peut être fait à l'avance et se conserve indéfiniment lorsqu'il n'a pas servi. Après usage, il doit toujours être rejeté.

Ces deux bains une fois préparés, on lave les épreuves en les introduisant une à une dans une large cuvette pleine d'eau ordinaire que l'on renouvelle plusieurs fois jusqu'à ce qu'il ne se forme plus aucun précipité blanc; les épreuves doivent être remuées dans l'eau pour que ce précipité, formé de chlorure d'argent, ne se dépose pas sur elles, mais soit enlevé par le lavage. Au bout de quelques minutes d'immersion, elles sont débarrassées de la plus grande partie d'azotate d'argent libre qu'elles contenaient, et sont plongées une à une et en petit nombre à la fois dans une autre cuvette en porcelaine contenant le bain de virage. On les y laisse, en les agitant sans cesse pendant quelques minutes, huit à dix minutes en moyenne, jusqu'à ce qu'elles aient perdu leur teinte rouge pour passer au violet franc; on les plonge alors dans une troisième cuvette remplie d'eau et on les y laisse pendant qu'on procède au virage des épreuves suivantes. Il est facile de virer huit à dix épreuves à la fois dans une cuvette de virage, mais à la condition de les remuer pendant tout le temps de l'opération et de les ramener successivement les unes sur les autres pour égaliser sur chacune d'elles l'action du bain d'or.

Après usage, le bain de virage doit être soigneusement mis de côté dans un flacon bouché et peut servir longtemps, pourvu qu'on remplace l'or déposé sur les épreuves virées par une addition de quelques centimètres cubes de la solution de chlorure d'or. Cette addition doit être d'environ 10^{cc} par chaque feuille entière virée et doit être faite vingt-quatre heures avant qu'on ne se serve à nouveau du bain.

Lorsque toutes les épreuves sont virées, on les rince une dernière fois sous le robinet d'eau et on les introduit une à une, en ayant bien soin de les immerger entièrement du premier coup dans une

cuvette contenant le bain d'hyposulfite de soude :
on les maintiendra constamment en mouvement
dans cette solution ; autrement, il pourrait se produire des taches irréparables si certaines parties
de l'épreuve se trouvaient momentanément en présence d'une trop faible quantité de solution. En
effet, l'hyposulfite, qui a la propriété de dissoudre
le chlorure d'argent lorsqu'il est en excès, se dé-
compose au contraire lorsqu'il est en présence d'un
excès de chlorure, et il en résulte une sulfuration
partielle qui perd l'épreuve. On doit bien se pénétrer de ce fait, qui est le plus souvent la cause de
taches indélébiles. Par suite, les cuvettes servant
au bain d'hyposulfite et aux lavages qui le suivent
doivent être exclusivement réservées à cet usage
et ne jamais servir aux lavages qui précèdent le
virage, ni au virage lui-même. Pour la même raison,
les mains qui manipulent les épreuves avant le
fixage doivent être exemptes de toute trace d'hyposulfite quelque minime qu'elle soit. Une propreté
scrupuleuse, poussée dans ce cas jusqu'à l'excès,
est d'absolue rigueur.

Quand les épreuves ont été remuées sans cesse
pendant dix à quinze minutes dans le bain d'hyposulfite, elles sont complètement fixées, c'est-à-
dire que le chlorure d'argent non impressionné
a été dissous et qu'elles peuvent supporter sans
inconvénient la lumière du jour. Il ne reste plus

qu'à les débarrasser de l'hyposulfite dont elles sont imprégnées, ce qui nécessite un lavage minutieux et prolongé faute duquel elles s'altéreraient rapidement. On plonge successivement les épreuves dans une grande bassine ou cuvette remplie d'eau ordinaire; on les agite en tous sens sous l'eau qu'on renouvelle plusieurs fois et on les laisse ensuite dégorger pendant plusieurs heures dans la plus grande quantité d'eau possible; si l'on a à sa disposition de l'eau à discrétion, il est excellent de la laisser couler du robinet dans la cuvette contenant les épreuves, jusqu'à ce que le lavage soit parfait; ce qu'il est facile de constater en recueillant sur un verre une goutte coulant d'une épreuve après une suspension de quelques instants, et en projetant dans cette goutte un très petit fragment d'azotate d'argent. Si l'eau d'égouttage renferme encore des traces d'hyposulfite, il se formera aussitôt un précipité, en forme d'auréole, de sulfure d'argent.

Le lavage ne saurait jamais être trop parfait et la stabilité des épreuves en dépend; mais, d'un autre côté, il ne doit pas non plus être par trop prolongé. Au bout d'un certain temps d'immersion dans l'eau, l'épreuve perd un peu de son brillant et la fibre du papier s'altère; il ne faut donc pas dépasser douze heures; mais il peut être terminé en beaucoup moins de temps s'il y a eu un renouvellement d'eau suffisant.

On peut, pendant ce dernier lavage, se rendre parfaitement compte de la valeur des épreuves que
l'on a tirées ; elles ont, à peu de chose près, l'aspect
qu'elles auront, une fois montées. Certains papiers
cependant remontent sensiblement de ton en sé-
chant, et, dans ce cas, il faut en tenir compte au
moment du tirage. La nuance des épreuves varie
sensiblement suivant le temps qu'elles ont séjourné
dans le bain de virage. Elles perdent peu à peu
leur teinte rougeâtre pour passer au violet, puis au
noir violacé ; actuellement le goût général est re-
venu aux épreuves peu virées qui sont plus chaudes
de ton que lorsque le virage a été prolongé. La
pratique apprendra vite à quel degré il faut s'arrêter ; mais, en cela comme en bien d'autres choses,
rien ne la remplacera. Il faut tout d'abord se bien
pénétrer de la série des manipulations indiquées,
puis se mettre à l'œuvre sans rien changer aux
formules : c'est un moyen sûr et rapide d'arriver
à un résultat. Avec les papiers qu'on trouve tout
sensibilisés dans le commerce, et dont la conservation est due à la présence d'un acide faible, on
peut avec avantage introduire une petite proportion de bicarbonate de soude dans l'eau de lavage
qui précède le virage ; quelques grammes suffisent
pour neutraliser les traces d'acide qui restent dans
la pâte, et le virage est plus rapide ; mais les tons
tournent davantage vers le noir bleuâtre un peu

froid , et le bain s'appauvrit plus rapidement.

Lorsque le lavage est terminé, on retire les épreuves de l'eau une à une et on les pend par un coin avec une épingle au rebord d'une planchette fixée au mur pour les faire égoutter et sécher, ou bien on peut les faire sécher entre des feuilles de papier buvard épais; ce procédé a pour avantage de conserver leur planimétrie, tandis que, à l'air libre, elles se roulent sur elles-mêmes d'une manière incommode. Quand elles sont complètement sèches, on coupe les épreuves de la dimension voulue avec un calibre en glace épaisse, au moyen d'une pointe; lorsqu'elles sont toutes coupées, on les mouille de nouveau dans une cuvette remplie d'eau, pour les détendre, et on les applique les unes sur les autres, la face impressionnée en dessous, sur un verre ou sur une glace propre qui leur servira de support pendant qu'on les imprégnera de colle.

La meilleure colle à employer pour les monter est la colle d'amidon fraîche que l'on prépare soi-même en faisant chauffer un peu d'amidon écrasé, dans de l'eau froide, jusqu'à épaississement. Elle doit être suffisamment fluide pour qu'on puisse y tremper un pinceau large qu'on promènera en tous sens sur le dos de la première épreuve encore humide et adhérente, à cause de son humidité, aux épreuves suivantes. On la soulèvera ensuite par un

coin, pour la placer sur la carte ou le bristol qui
doit lui servir de support définitif, et on la fera
adhérer en appliquant dessus une feuille de papier
buvard propre sur laquelle on frottera en tous sens
avec la paume de la main. Cette friction devra également chasser les bulles d'air qui ont pu se loger
entre l'épreuve et la carte. On procédera de la même
façon pour les suivantes. En opérant ainsi sur des
épreuves humides, on évitera la distention inégale
du papier et aucune partie de colle ne viendra
maculer le côté où se trouve l'image.

Pour leur donner enfin toute leur valeur, il est
utile de faire cylindrer les épreuves montées, une
fois qu'elles sont bien sèches, pour écraser le grain
du papier et leur donner un brillant qui fait valoir
les noirs. Quelquefois aussi on les frotte avec une
flanelle et un peu d'encaustique préparé à la cire
vierge. Il existe aujourd'hui des presses à satiner
à chaud qui donnent encore plus de brillant à l'é-
preuve; elles consistent en un cylindre de métal
qui, en tournant, force l'épreuve montée à venir
glisser sur une bande d'acier nickelé parfaitement
polie et chauffée assez fortement par une lampe à
alcool ou un jet de gaz. Le résultat est excellent,
mais les épreuves sont parfois arrachées et déchi-
rées par le frottement sous une forte pression : une
friction préalable avec un peu de savon en facilite
le glissement.

Si l'on se conforme très exactement aux indications qui précèdent, bien qu'elles paraissent peut-
être plus minutieuses qu'elles ne sont en réalité,
on obtiendra promptement de bonnes épreuves
positives qui permettront d'apprécier plus exactement la valeur des clichés qu'on ne saurait le faire
par leur simple inspection. C'est dans ce but que ce
chapitre a été ajouté à cette étude qui ne devait
tout d'abord traiter que de la préparation et du
développement des glaces à la gélatine bromurée.
D'autres nombreuses formules ont été publiées qui
peuvent également donner de bons résultats, mais
celles qui viennent d'être indiquées sont les plus
conformes à la théorie chimique, et c'est à ce titre
qu'elles sont plus particulièrement recommandées.

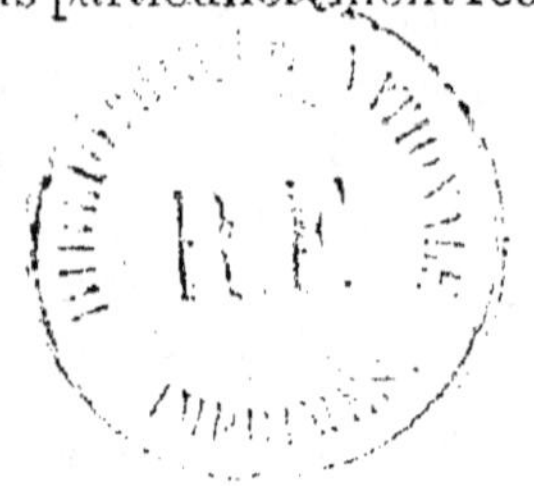

TABLE DES MATIÈRES.

Paris. — Imp. Gauthier-Villars, 55, quai des Grands-Augustins.

LIBRAIRIE DE GAUTHIER-VILLARS,
QUAI DES AUGUSTINS, 55, A PARIS.

CATALOGUE DE PHOTOGRAPHIE.

Abney (le capitaine), Professeur de Chimie et de Photographie à l'École militaire de Chatham. — *Cours de Photographie.* Traduit de l'anglais par LÉONCE ROMMELAER. 3ᵉ éd. Gr. in-8, avec planche photoglyptique; 1877. 5 fr.

Aide-Mémoire de Photographie pour 1883, publié sous les auspices de la Société photographique de Toulouse, par M. C. FABRE. Huitième année, contenant de nombreux renseignements sur les procédés rapides à employer pour portraits dans l'atelier, les émulsions au coton-poudre, à la gélatine, etc. In-18, avec fig. dans le texte et spécimen.

  Prix : Broché.................. 1 fr. 75 c.
     Cartonné............... 2 fr. 25 c.
  Les volumes des années précédentes, sauf 1879, 1880 *et* 1881, *se vendent aux mêmes prix.*

Annuaire Photographique, par *A. Davanne.* 2 vol. in-18, années 1867 et 1868. Chaque volume se vend séparément :
  Prix : Broché.............. 1 fr. 75.

Aubert. — *Traité élémentaire et pratique de Photographie au charbon.* In-18 jésus. 2ᵉ édition.   1 fr. 50 c.

Audra. — *Le gélatino-bromure d'argent.* In-18 jésus; 1883.   1 fr. 75 c.

Blanquart-Evrard. — *Intervention de l'art dans la Photographie.* In-12, avec une photographie... 1 fr. 50 c.

Boivin (F.). — *Procédé au collodion sec.* 3ᵉ édition, augmentée du formulaire de Th. Sutton, des tirages aux poudres inertes (procédé au charbon), ainsi que de notions pratiques sur la Photographie, l'Electrogravure et l'Impression à l'encre grasse. In-18 jés.; 1883. 1 fr 50 c.

Bulletin de la Société française de Photographie. Grand in-8, mensuel. 29ᵉ année; 1883.
  Prix pour un an : Paris et les départements.. 12 fr.
     Étranger.   15 fr.

Bulletin de l'Association belge de Photographie. Grand in-8, mensuel, dixième année; 1883.
  Prix pour un an : France et Union postale. 27 fr.
  Les volumes des années précédentes se vendent séparément.   25 fr.

Chardon (Alfred). — *Photographie par émulsion sèche au bromure d'argent pur* (Ouvrage couronné par le Ministre de l'Instruction publique et par la Société française de Photographie). Gr. in-8, avec fig.; 1877.   4 fr. 50 c.

Chardon (Alfred). — *Photographie par émulsion sensible, au bromure d'argent et à la gélatine.* Grand in-8, avec figures; 1880.   3 fr. 50 c.

Clément (R.). — *Méthode pratique pour éterminer exacte-*

ment *le temps de pose en Photographie*, applicable à tous les procédés et à tous les objectifs, indispensable pour l'usage des nouveaux procédés rapides. In-8; 1880.
1 fr. 50 c.

Cordier (V.). — *Les insuccès en Photographie; causes et remèdes.* 4e édit. avec fig. Nouveau tirage. In-18 jésus; 1883.
1 fr. 75 c.

Davanne. — *Les Progrès de la Photographie.* Résumé comprenant les perfectionnements apportés aux divers procédés photographiques pour les épreuves négatives et les épreuves positives, les nouveaux modes de tirage des épreuves positives par les impressions aux poudres colorées et par les impressions aux encres grasses. In-8; 1877.
6 fr. 50 c.

Davanne. — *La Photographie, ses origines et ses applications.* Grand in-8, avec figures; 1879.
1 fr. 25 c.

Davanne. — *La Photographie appliquée aux Sciences.* Grand in-8; 1881.
1 fr. 25 c.

Davanne. — *Notice sur la vie et les travaux de Poitevin.* In-8, avec figures; 1882.
75 c.

Derosne (Ch.). — *La Photographie pour tous.* Traité élémentaire des nouveaux procédés. Orné d'une phototypie. Grand in-8; 1882.
3 fr.

Ducos du Hauron (H. et L.). — *Traité pratique de la Photographie des couleurs* (Héliochromie). Description des moyens d'exécution récemment découverts. In-8; 1878.
3 fr.

Dumoulin. — *Manuel élémentaire de Photographie au collodion humide.* In-18 jésus, avec figures.
1 fr. 50 c.

Dumoulin. — *Les Couleurs reproduites en Photographie.* Historique, théorie et pratique. In-18 jésus.
1 fr. 50 c.

Eder (Dr), Membre de l'Institut polytechnique de Vienne. — *Théorie et pratique du procédé au gélatinobromure d'argent.* Traduction française de la 2e édition allemande par H. Coland et O. Campo, membres de l'association belge de Photographie. Grand in-8, avec portrait de l'auteur et 58 fig. dans le texte; 1883.
5 fr.

Fabre (G.). — *La Photographie sur plaque sèche.* — *Émulsion au coton-poudre avec bain d'argent.* In-18 jésus; 1880.
1 fr. 75 c.

Fortier (G.). — *La Photolithographie, son origine, ses procédés, ses applications.* Petit in-8, orné de planches, fleurons, culs-de-lampe, etc., obtenus au moyen de la Photolithographie; 1876.
3 fr. 50 c.

Geymet. — *Traité pratique de Photographie* (Éléments complets, Méthodes nouvelles, Perfectionnements), suivi d'une Instruction sur le *procédé au gélatinobromure.* 3e édition. In-18 jésus; 1883.
(*Sous presse.*)

Geymet. — *Traité pratique de Photolithographie et de Phototypie.* 2e tirage. In-18 jésus; 1882.
5 fr.

Geymet. — *Traité pratique de gravure héliographique et de galvanoplastie.* 2ᵉ tirage. In-18 jésus; 1882.   4 fr.

Geymet. — *Traité pratique des émaux photographiques. Secrets* (tours de main, formules, palette complète, etc.) *à l'usage du photographe émailleur sur plaques et sur porcelaines.* 2ᵉ édition (second tirage). In-18 jésus; 1882.
5 fr.

Geymet. — *Procédé au gélatinobromure.* In-18 jésus; 1882.   1 fr. 50 c.

Hannot (le capitaine), Chef du service de la Photographie à l'Institut cartographique militaire de Belgique. — *Exposé complet du procédé photographique à l'émulsion* de M. WARNERCKE, lauréat du Concours international pour le meilleur procédé au collodion sec rapide, institué par l'Association belge de Photographie en 1876. In-18 jésus; 1880.   1 fr. 50 c.

Huberson. — *Formulaire de la Photographie aux sels d'argent.* In-18.   1 fr. 50 c.

Huberson. — *Précis de Microphotographie.* In-18 jésus, avec figures dans le texte et une planche en photogravure; 1879.   2 fr.

Journal de l'Industrie photographique, *Organe de la Chambre syndicale de la Photographie.* Grand in-8, mensuel. 4ᵉ année; 1883.
Prix pour un an : Paris, France, Étranger.   7 fr.

Klary. — *Retouche photographique,* par un *Spécialiste.* Gr. in-8, de 48 pages, orné de deux belles études de retouche d'après un cliché de M. FRITZ LUCKHARDT; 1875.   5 fr.

Monckhoven (Dʳ Van). — *Traité général de Photographie,* suivi d'un chapitre spécial sur le *gélatino-bromure d'argent.* 7ᵉ édition. Grand in-8, avec planches et figures intercalées dans le texte; 1880.   16 fr.

Moock. — *Traité pratique complet d'impressions photographiques aux encres grasses et de phototypographie et photogravure.* 2ᵉ édition, beaucoup augmentée. In-18 jésus; 1877.   3 fr.

Odagir (H.). — *Le Procédé au gélatino-bromure,* suivi d'une Note de M. MILSOM sur les clichés portatifs et de la traduction des Notices de M. KENNETT et du Rév. G. PALMER. In-18 jésus, avec figures dans le texte. Nouveau tirage; 1883.   1 fr. 50 c.

O'Madden (le Chevalier C.). — *Le Photographe en voyage.* Emploi du gélatino-bromure. — Installation en voyage. Bagage photographique. In-18; 1882.   1 fr.

Pélegry, Peintre amateur, Membre de la Société photographique de Toulouse. — *La Photographie des peintres, des voyageurs et des touristes. Nouveau procédé sur papier huilé,* simplifiant le bagage et facilitant toutes les opérations, avec indication de la manière de construire soi-même les instruments nécessaires. In-18 jésus, avec un spécimen; 1879.   1 fr. 75 c.

Perrot de Chaumeux (L.). — *Premières Leçons de Photographie.* 4e édition, revue et augmentée. In-18 jésus, avec figures; 1882. 1 fr. 5o c.

Phipson (le Dr). — *Le Préparateur photographe*, ou Traité de Chimie à l'usage des photographes et des fabricants de produits photographiques. In-12, avec fig. 3 fr.

Pierre Petit (Fils). — *La Photographie artistique. Paysages. Architecture. Groupes et Animaux.* In-18 jésus; 1883. 1 fr. 25 c.

Pierre Petit (Fils). — *Manuel pratique de Photographie.* In-18 jésus, avec figures dans le texte; 1883. 1 fr. 5o c.

Pierre Petit (Fils). — *La Photographie industrielle.* Vitraux et émaux. Positifs microscopiques. Projections. Agrandissements. Linographie. Photographie des infiniment petits. Imitations de la nacre, de l'ivoire, de l'écaille. Éditions photographiques. Photographie à la lumière électrique, etc. In-18 jésus; 1883. 2 fr. 25 c

Piquepé (P.). — *Traité pratique de la Retouche des clichés photographiques*, suivi d'une *Méthode très détaillée d'émaillage* et de *Formules et Procédés divers.* In-18 jésus, avec deux photoglypties; 1881. 4 fr. 5o c.

Pizzighelli et Hübl. — *La Platinotypie. Exposé théorique et pratique d'un procédé protographique aux sels de platine, permettant d'obtenir rapidement des épreuves inaltérables.* Traduit de l'allemand par M. Henry Gauthier-Villars. In-8; 1883. 3 fr. 5o c.

Poitevin (A.). — *Traité des impressions photographiques ;* suivi d'Appendices relatifs aux procédés usuels *de Photographie négative et positive sur gélatine, d'héliogravure, d'hélioplastie, de photolithographie, de phototypie, de tirage au charbon, d'impressions aux sels de fer, etc.,* par M. Léon Vidal. In-18 jésus, avec un portrait phototypique de Poitevin. 2e édition, entièrement revue et complétée; 1883. 5 fr.

Radau (R.). — *La Lumière et les climats.* In-18 jésus; 1877. 1 fr. 75 c.

Radau (R.). — *Les radiations chimiques du Soleil.* In-18 jésus; 1877. 1 fr. 5o c.

Radau (R.). — *Actinométrie.* In-18 jésus; 1877. 2 fr.

Radau (R.). — *La Photographie et ses applications scientifiques.* In-18 jésus; 1878. 1 fr. 75 c.

Rodrigues (J.-J.), Chef de la Section photographique et artistique (Direction générale des travaux géographiques du Portugal). — *Procédés photographiques et méthodes diverses d'impressions aux encres grasses,* employés à la Section photographique et artistique. Grand in-8; 1879. 2 fr. 5o c.

Roux (V.), Opérateur au Ministère de la Guerre. — *Manuel opératoire pour l'emploi du procédé au gélatino-bromure*

d'argent. Revu et annoté par M. STÉPHANE GEOFFRAY. In-18; 1881.   1 fr. 75 c.

Roux (V.). — *Traité pratique de la transformation des négatifs en positifs servant à l'héliogravure et aux agrandissements.* In-18; 1881.   1 fr.

Russel (C.). — *Le Procédé au Tannin*, traduit de l'anglais par M. AIMÉ GIRARD. 2ᵉ éd. In-18 jésus, avec fig. 2 fr. 50 c.

Sauvel (Edouard), Avocat au Conseil d'État et à la Cour de cassation. — *Des œuvres photographiques et de la protection légale à laquelle elles ont droit.* In-18; 1880.   1 fr. 50 c.

Spiller (A.). — *Douze leçons élémentaires de Chimie photographique.* Traduit de l'anglais par M. HECTOR COLARD. Grand in-8; 1883.   2 fr.

Trutat (E.). — *La Photographie appliquée à l'Archéologie;* Reproduction des *Monuments, OEuvres d'art, Mobilier, Inscriptions, Manuscrits.* In-18 jésus, avec cinq photolithographies; 1879.   2 fr. 50 c.

Trutat (E.). — *Traité pratique de Photographie sur papier négatif par l'emploi de couches de gélatinobromure d'argent étendues sur papier.* In-18 jésus, avec figures dans le texte et 2 planches spécimens; 1883.   3 fr.

Vidal (Léon). — *Traité pratique de Photographie au charbon*, complété par la description de divers *Procédés d'impressions inaltérables (Photochromie et tirages photomécaniques).* 3ᵉ édition. In-18 jésus, avec une planche spécimen de Photochromie et 2 planches spécimens d'impression à l'encre grasse; 1877.   4 fr. 50 c.

Vidal (Léon). — *Traité pratique de Phototypie*, ou *Impression à l'encre grasse sur couche de gélatine.* In-18 jésus, avec belles figures sur bois dans le texte et spécimens; 1879.   8 fr.

Vidal (Léon). — *Traité pratique de Photoglyptie*, avec et sans presse hydraulique. In-18 jésus, avec 2 planches photoglyptiques hors texte et nombreuses gravures dans le texte; 1881.   7 fr.

Vidal (Léon). — *La Photographie appliquée aux arts industriels de reproduction.* In-18 jésus, avec figures; 1880.   1 fr. 50 c.

Vidal (Léon). — *Photomètre négatif*, avec une Instruction. Renfermé dans un étui cartonné.   5 fr.

Vidal (Léon). — *Manuel opératoire du touriste photographe* (matériel du touriste, obturateurs instantanés, procédés secs rapides, etc.); suivi du *Calcul des temps de pose* et de *Tables photométriques* pour l'appréciation, à un très haut degré de précision, des temps de pose; 2ᵉ édition, complètement revue et modifiée. In-18 jésus, avec figures dans le texte; 1883.   *(Sous presse.)*

ACTUALITÉS SCIENTIFIQUES.

Volumes in-18 jésus ou petit in-8.

de l'envie haineuse ; par l'Abbé *Moigno*. 1 fr. 5o c,

25° **Éléments de Thermodynamique ; par** *J. Moutier*.
(*Épuisé.*)

26° **Sur la force de la Poudre et des matières explo-
sibles ; par** *Berthelot*. 3 fr. 5o c.

27° **Sursaturation des solutions gazeuses ; par** *Tom-
linson*. 2 fr.

28° **Optique moléculaire. Effets de précipitation, de
décomposition, d'illumination produits par la
lumière ; par l'Abbé** *Moigno*. 2 fr. 5o c.

29° **L'Architecture du monde des atomes, avec** 100 fig.
dans le texte ; par *Gaudin*. 5 fr.

3o° **Étude sur les éclairs, avec figures dans le texte ;
par** *P. Perrin*. 2 fr. 5o c.

31° **Manuel pratique militaire des chemins de fer,
avec nomb. fig. ; par le capitaine** *Issalène*. 2 fr. 5o c.

32° **Instruction sur les Paratonnerres ; par** *Pouillet* et
Gay-Lussac ; avec 58 fig. et planche. 2 fr. 5o c.

33° **Tables barométriques et hypsométriques pour le
calcul des hauteurs,** précédées d'une *Instruction* ;
par *R. Radau*. (Nouveau tirage.) 1 fr. 25 c.

34° **Les passages de Vénus sur le disque solaire, avec**
figures ; par *Edm. Dubois*. 3 fr. 5o c.

35° **Manuel élémentaire de Photographie au collodion humide,** avec figures ; par *Dumoulin*. 1 fr. 5o

36° **Problèmes plaisants et délectables qui se font
par les nombres ; par** *Bachet, sieur de Méziriac*.
4e éd., revue par *Labosne*. Un joli vol., petit in-8
elzévir, titre en deux couleurs. 6 fr.

37° **La Chaleur considérée comme un mode de mouvement ; par** *Tyndall*. 2e édition française, avec
nombreuses figures ; 1881. 2° tirage. 8 fr.

38° **L'Astronomie pratique et les Observatoires en
Europe et en Amérique,** depuis le milieu du
xvııe siècle jusqu'à nos jours ; par *André* et *Rayet*,
astronomes, et *Angot*, professeur de Physique au
Lycée Fontanes ; avec belles figures dans le texte
et planches en couleur.

    Ire Partie : *Angleterre*. 4 fr. 5o c.
    IIe Partie : *Ecosse, Irlande et Colonies an-
glaises*. 4 fr. 5o c.
    IIIe Partie : *Amérique du Nord*. 4 fr. 5o c.
    IVe Partie : *Amérique du Sud*, et Météorologie
américaine. 3 fr.
    Ve Partie : *Italie*. 4 fr. 5o c.

39° **Méthodes chimiques pour la recherche des falsi-
fications, l'essai, l'analyse des matières ferti-
lisantes ; par** *Ferdinand Jean*. (*Épuisé.*)

40° **Premières Leçons de Photographie,** avec figures ;
par *Perrot de Chaumeux*. 1 fr. 5o c.

41° **Les Mines dans la guerre de campagne. —** Exposé
des divers procédés d'inflammation des mines et
des pétards de rupture. — Emploi de préparations

pyrotechniques et emploi de l'électricité, avec
51 fig. dans le texte; par le capit. *Picardat*. 2 fr. 5o c.

42° **Essai sur une manière de représenter les quantités
imaginaires dans les constructions géométri-
ques,** par R. Argand. 2e édition, précédée d'une
préface par *J. Hoüel*.   5 fr.

43° **Essai sur les piles,** par *A. Calland*. 2e édition, avec
2 planches. (Ouvrage couronné par la Société des
Sciences de Lille.)   2 fr. 5o c.

44° **Matière et Éther ;** Indication d'une méthode pour
établir les propriétés de l'Éther, par *Kretz*, Ingénieur en chef des Manufactures de l'État. 1 fr. 5o c.

45° **L'Unité dynamique des forces et des phénomènes de la nature, ou l'Atome tourbillon ;** par
F. Marco, Professeur au Lycée Cavour, à Turin.
                                           2 fr. 5o c.

46° **Physique et Physique du Globe.** Divers Mémoires
de *Tyndall, Carpenter, Ramsay, Raphaël de
Rossi, Félix Plateau*. Traduit par l'Abbé *Moigno*.
                                           2 fr. 5o c.

47° **La grande pyramide, pharaonique de nom, hu-
manitaire de fait ;** ses merveilles, ses mystères
et ses enseignements ; par *Piazzi Smyth*, Astronome royal d'Écosse. Traduit de l'anglais par
l'Abbé *Moigno*.   (*Epuisé*.)

48° **La Foi et la Science ;** par l'Abbé Moigno.   3 fr.

49° **Les insuccès en Photographie ;** causes et remèdes,
suivis de la retouche des clichés et du gélatinage
des épreuves ; par *Cordier*. 4e édit.   1 fr. 75 c.

5o° **La Photolithographie, son origine, ses procédés,
ses applications ;** par *C. Fortier*. Petit in-8, orné
de planches, fleurons, culs-de-lampe, etc., obtenus
au moyen de la Photolithographie.   3 fr. 5o c.

51° **Procédé au Collodion sec ;** par *F. Boivin*. 2e édit.,
augmentée des formulaires de Th. Sutton, des tirages aux poudres inertes (procédé au charbon).
ainsi que de notions pratiques sur la Photolithographie, l'électrogravure et l'impression à l'encre
grasse.   1 fr. 5o c.

52° **Les Pandynamomètres de torsion et de flexion.**
Théorie et application ; avec 2 grandes planches ,
par *G.-A. Hirn*.   2 fr.

53° **Notice sur les Aréomètres employés dans l'industrie, le commerce et les sciences,** avec figures
dans le texte ; par *Baserga*, constructeur d'instruments.   1 fr. 5o c.

54° **Manuel du Magnanier,** application des théories
de Pasteur à l'éducation des vers à soie ; par
L. Roman. Un beau volume, avec nombreuses figures ombrées dans le texte et 6 planches en couleur.   4 fr. 5o c.

55° **Les Couleurs reproduites en Photographie ;** His-

torique, théorie et pratique; par *Eug. Dumoulin.*
                                          1 fr. 50 c.
56° **Progrès récents de l'Astronomie stellaire** ; par
R. *Radau.*   1 fr. 50 c.
57° **Les Observatoires de montagne** (avec figures dans
le texte); par *R. Radau.*   1 fr. 50 c.
58° **Les poussières de l'air,** avec figures dans le texte
et 4 planches; par *Gaston Tissandier.* 2 fr. 25 c.
59° **Traité pratique de Photographie au charbon,** complété par la description de divers *Procédés d'impressions inaltérables (Photochromie et tirages photomécaniques)*; par *Léon Vidal.* 3e éd., avec une
pl. spécimen de Photochromie et 2 pl. spécimens
d'impressions à l'encre grasse.   4 fr. 50 c.
60° **Le procédé au gélatino-bromure,** suivi d'une
Note de MILSOM *Sur les clichés portatifs* et de la
traduction des *Notices* de R. KENNETT et Rév. H.-G.
PALMER, avec fig.; par *H. Odagir.*   1 fr. 50 c.
61° **La Science des nombres d'après la tradition des
siècles** ; Explication de la table de Pythagore,
par l'Abbé *Marchand.*   3 fr.
62° **La Lumière et les climats** ; par *R. Radau.* 1 fr. 75 c.
63° **Les Radiations chimiques du Soleil** ; par *R. Radau.*
                                          1 fr. 50 c.
64° **L'Actinométrie** ; par *R. Radau.*   2 fr.
65° **Traité pratique complet d'impressions photographiques aux encres grasses, de phototypographie et de photogravure**; par *Moock.* 2e éd. 3 fr.
66° **La Spectroscopie,** avec nombreuses gravures dans
le texte; par *Cazin.*   2 fr. 75 c.
67° **Formulaire pratique de la Photographie aux sels
d'argent** ; par *Huberson.*   1 fr. 50 c.
68° **Leçons sur l'Électricité,** par *Tyndall* ; traduit de
l'anglais par *Francisque Michel.*   2 fr. 75 c.
69° **Traité élémentaire et pratique de Photographie
au charbon** ; par *Aubert.* 2e édit.   1 fr. 50 c.
70° **La prévision du temps** ; par *W. de Fonvielle.*
                                          1 fr. 50 c.
71° **La Photographie et ses applications scientifiques**;
par *R. Radau.*   1 fr. 75 c.
72° **L'Ozone** ; ce qu'il est, ses propriétés physiques et
chimiques, son existence et son rôle dans la nature;
par l'Abbé *Moigno.*   3 fr. 50 c.
73° **Les Microbes organisés** ; leur rôle dans la fermen-
tation, la putréfaction et la contagion; Mémoires
de Tyndall et Pasteur; par l'Abbé *Moigno.*
                                          3 fr. 50 c.
74° **Le R. P. Secchi** ; sa Vie, son Observatoire, ses Travaux, ses Écrits; ses titres à la gloire, ses
grands Ouvrages; par l'Abbé *Moigno*; avec un
portrait et 3 planches.   3 fr. 50 c.
75° **Cartes du temps et Avertissements de tempêtes,**

par *Robert H. Scott*. Traduit de l'anglais par *Zurcher* et *Margollé*. Petit in-8, avec 2 planches et nombreuses figures. 4 fr. 50 c.

76° **La Photographie appliquée à l'Archéologie : Re**production des *Monuments, OEuvres d'art, Mobiliers, Inscriptions, Manuscrits;* par *E. Trutat*, avec cinq photolithographies. 3 fr.

77° **La Photographie des peintres, des voyageurs et des touristes.** *Nouveau procédé sur papier huilé,* simplifiant le bagage et facilitant toutes les opérations, avec indication de la manière de construire soi-même la plupart des instruments nécessaires; par *Pélegry;* avec un spécimen. 1 fr. 75 c.

78° **Comment on observe les nuages pour prévoir le temps;** par *André Poëy*. Petit in-8, avec 17 planches chromolithographiques. 4 fr. 50 c.

79° **Traité pratique de Phototypie ou Impression à l'encre grasse sur couche de gélatine;** par *Léon Vidal;* avec belles figures dans le texte et spécimens. 8 fr.

80° **Observations météorologiques en ballon;** Résumé de vingt-cinq ascensions aérostatiques; par *Gaston Tissandier;* avec fig. 1 fr. 50 c.

81° **Précis de Microphotographie,** par *G. Huberson;* avec figures dans le texte et une planche en photogravure. 2 fr.

82° **Constitution intérieure de la Terre;** par *R. Radau.* 1 fr. 50 c.

83° **Le rôle des vents dans les climats chauds; la pression barométrique et les climats des hautes régions;** par *R. Radau.* 1 fr. 50 c.

84° **La Photographie sur plaque sèche. — Emulsion au coton-poudre avec bain d'argent;** par *Fabre.* 1 fr. 75 c.

85° **La machine de Gramme. — Sa théorie et ses applications,** avec figures; par *Antoine Bréguet.* 2 fr.

86° **Traité d'analyse chimique complète des potasses brutes et des potasses raffinées;** par *Berth.* 1 fr. 50 c.

87° **La Météorologie appliquée à la prévision du temps.** Leçon faite à l'École supérieure de Télégraphie, par *E. Mascart;* recueillie par *Moureaux*, météorologiste au Bureau central; avec 16 planches en couleur. 2 fr.

88° **Traité pratique de la retouche des clichés photographiques,** suivi d'une méthode très détaillée d'*émaillage* et de *formules* et *procédés divers ;* par *Piquepé ;* avec 2 photoglypties. 4 fr. 50 c.

89° **Notions élémentaires d'analyses chimique qualitative ;** par *Th. Swarts;* avec figures. 1 fr. 50 c.

90° **Le gaz et l'électricité comme agent de chauffage,** par le Dr *Siemens*. Traduit de l'anglais par *Gustave Richard,* avec figures 1 fr. 50 c.

91° **Traité pratique de Photoglyptie**; par *Léon Vidal*. Avec nombreuses figures dans le texte et 2 planches photoglyptiques. 7 fr.

92° **Les agents explosifs appliqués dans l'industrie**; par *Abel*. Traduit de l'anglais par *Gustave Richard*. 1 fr 50 c.

93° **Récréations mathématiques**; par *Ed. Lucas*. Deux jolis volumes, petit in-8 elzévir, titres en deux couleurs. Chaque volume se vend séparément. 7 fr. 50 c.

94° **Les courants atmosphériques d'après les nuages. au point de vue de la prévision du temps**; par *André Poëy*; 1882. 2 fr,

95° **Histoire de la symphonie à orchestre**; par *Michel Brenet*. Un joli volume, petit in-8 elzévir, titre en deux couleurs; 1882. 3 fr.

96° **Éléments de construction de machines**; par *Cauthorn Unwin*. Traduit sur la 2° édition anglaise par *Bocquet*, et suivi d'un Appendice par *Léauté*, avec 237 fig. dans le texte; 1882. Broché. 7 fr.
Cart. à l'anglaise. 8 fr.

97° **Nouvelle théorie du Soleil; conservation de l'énergie solaire**; par *C.-W. Siemens*. — **Reconcentration de l'énergie de l'Univers**; par *Macquorn Rankine*. Traduit de l'anglais par *G. Richard*; 1882. 1 fr.

98° **Détermination des éléments de construction des électro-aimants**; par *du Moncel*, membre de l'Institut. 2° édition; 1882. 2 fr.

99° **Traité élémentaire du microscope**; par *F. Trutat*, Conservateur du musée d'Histoire naturelle de Toulouse. Un joli volume petit in-8, avec 171 figures dans le texte; 1882. 8 fr.
Cartonné à l'anglaise. 9 fr.

100° **Unités et constantes physiques**; par *Everett*. Ouvrage traduit de l'anglais par *Jules Reynaud*, avec le concours de *Thévenin, de la Touanne* et *Massin*. In-18 jésus; 1882. 4 fr.

101° **Traité des impressions photographiques**; par *Poitevin*, suivi d'Appendices par *Léon Vidal*. 2° édition, avec un portrait photographique de Poitevin; 1883. 5 fr

102° **Introduction à la théorie de l'énergie**; par *Jouffret*, Chef d'escadron d'artillerie. Petit in-8; 1883. 3 fr. 50 c.

103° **La Météorologie nouvelle et la prévision du temps**, par *Radau*; 1883. 1 fr. 75 c.

104° **Les vêtements et les habitations dans leurs rapports avec l'atmosphère**, par *Radau*; 1883. 1 fr. 75 c.

105° **La Platinotypie**, *Nouveau procédé photographique aux sels de platine*; par *Pizzighelli* et *Hübl*. Traduit de l'allemand par *Henry Gauthier-Villars*; 1883. 3 fr. 50 c.

Deuxième Série.

La Science illustrée. — L'enseignement de tous.

1° **L'Art des projections**, avec 103 figures ; par l'Abbé *Moigno*.   2 fr. 50 c.

2° **Photomicrographie** en 100 tableaux pour projections ; texte explicatif avec 29 figures dans le texte ; par *Girard*.   1 fr. 50 c.

3° **Les Accidents**, secours en l'absence de l'homme de l'art, avec 36 figures dans le texte ; par *Smée*.
                    1 fr. 25 c.

4° **L'Anatomie** et **l'Histologie**, enseignées par les projections lumineuses ; par le D᷉ *Le Bon*. 1 fr.

5° **Manuel de Mnémotechnie**, *Application à l'histoire ;* par l'Abbé *Moigno*.   3 fr.

6° **Le latin pour tous** ; par l'Abbé *Moigno*.   2 fr.

7° **Les Sciences, les Industries, les Arts enseignés et illustrés par quatre mille cinq cents photographies sur verres. —** Catalogue des tableaux et appareils ; par l'Abbé *Moigno*.   1 fr. 50 c.

ANNUAIRE DE L'OBSERVATOIRE MÉTÉOROLOGIQUE DE MONTSOURIS pour 1883; Météorologie, Agriculture, Hygiène (contenant le résumé des travaux de l'Observatoire durant l'année 1882). 12e année. In-18 de 450 pages, avec des figures représentant les divers organismes microscopiques rencontrés dans l'air, le sol et leurs eaux.   Broché :   2 fr. »
                    Cartonné :   2 fr. 50 c.

TRAITÉ

DE

CHIMIE GÉNÉRALE

ÉLÉMENTAIRE,

Par M. Auguste CAHOURS,

Membre de l'Académie des Sciences.

TROISIÈME ÉDITION.

6 VOL. IN-18 JÉSUS, AVEC FIG. ET PL.; 1874-1875...   30 FR.

CHIMIE INORGANIQUE, *Leçons professées à l'École centrale des Arts et Manufactures.* 4e édition. 3 volumes in-18 jésus avec figures dans le texte et planches; 1878 (*Autorisé par décision ministérielle.*)..........   15 fr.

Chaque volume se vend séparément........   6 fr.

CHIMIE ORGANIQUE, *Leçons professées à l'École Polytechnique.* 3e édition. 3 volumes in-18 jésus avec figures dans le texte; 1874-1875............. ....   15 fr.

Chaque volume se vend séparément........   6 fr.

ANNUAIRE

DU

BUREAU DES LONGITUDES,

POUR L'ANNÉE 1883.

Volume in-18 de 860 pages, avec figures dans le texte, contenant les *Notices* suivantes : **Sur la figure des comètes**; par M. FAYE, Membre de l'Institut. — **Les Méthodes en Astronomie**; par M. JANSSEN, Membre de l'Institut. — **La prochaine éclipse totale de Soleil du 6 mai 1883**; par M. JANSSEN, Membre de l'Institut, et la Carte des courbes d'égale déclinaison magnétique en France. — **Prix : 1 fr. 50 c.**

Pour recevoir l'Annuaire franco en France et dans tous les pays de l'Union postale, ajouter 35 c.

M. Faye, en présentant l'**Annuaire** à l'Académie des Sciences, dans la séance du 2 janvier 1883, s'est exprimé en ces termes :

Ce Volume contient, comme à l'ordinaire, les documents les plus nouveaux et les plus exacts pour la Statistique, la Géographie, la Minéralogie, la Physique et la Chimie. Je dois ici adresser nos remerciements à nos éminents collaborateurs, MM. Berthelot, Des Cloizeaux, Damour, Fizeau, Marié-Davy, à qui nous devons tant de Tableaux où l'état actuel de la Science est si bien et si complètement résumé.

La partie astronomique contient une histoire complète, rédigée par M. Lœwy, des comètes qui ont paru depuis vingt ans. C'est là la période la plus intéressante pour ces astres, parce qu'elle embrasse tous ceux qui ont été observés depuis que les travaux de M. Schiaparelli en ont fait mieux connaître l'importance.

Les additions contiennent les paroles prononcées sur la tombe de notre illustre et regretté collègue, M. Liouville, le discours du Président à l'inauguration de la statue de Lakanal, à Foix, le Rapport de M. Janssen sur l'observation projetée de l'*Éclipse totale de mai de cette année*, le discours qu'il a prononcé sur *Les méthodes en Astronomie*, à l'ouverture de la dernière session de l'Association française pour l'avancement des Sciences à la Rochelle, enfin une *Notice sur la figure des comètes*, par M. Faye.

L'honorable éditeur, M. Gauthier-Villars, a donné à

cette publication des soins particuliers qui, tout en res-
pectant le format original, assurent aux Volumes actuels
une supériorité marquée sur les anciens.

ANNUAIRE pour l'an 1881, publié par le Bureau des
Longitudes ; contenant les Notices suivantes : *Compa-
raison de la Lune et de la Terre au point de vue
géologique*, avec belles figures ombrées dans le texte;
par FAYE. — *Notice sur les observatoires français vers
la fin du siècle dernier;* par TISSERAND. In-18, de
790 pages, avec la Carte des courbes d'égale déclinaison
magnétique en France.   1 fr. 50 c.

ANNUAIRE pour l'an 1882, publié par le Bureau des
Longitudes ; contenant les Notices suivantes: *Aperçu his-
torique sur le développement de l'Astronomie;* par FAYE.
— *Notice sur les planètes intramercurielles;* par F.
TISSERAND. — *Note sur la photographie de la comète b
de 1881;* par J. JANSSEN. In-18 de 808 pages, avec la
Carte des courbes d'égale déclinaison magnétique et
une planche photoglyptique de la comète.   1 fr. 50 c.

TRAITÉ PRATIQUE

DE

LAMINAGE DU FER,

Par MM. NEVEU et HENRY,

Ingénieurs de forges.

—

In-18, avec 10 Tableaux et un Atlas cartonné de 117 pl.
1881. — **Prix : 40 fr.**

Librairie de Gauthier-Villars.

L'ASTRONOMIE, REVUE MENSUELLE D'ASTRONOMIE POPU-
LAIRE, DE MÉTÉOROLOGIE ET DE PHYSIQUE DU GLOBE, donnant
le tableau permanent des découvertes et des progrès réalisés dans
la connaissance de l'Univers, publiée par **Camille Flammarion**,
avec le concours des principaux astronomes français et étrangers.

La Revue paraît le 1er de chaque mois, par numéro de 40 pages, avec
belles figures dans le texte. *Un numéro est envoyé gratuitement
comme spécimen.*

2ᵉ ANNÉE 1883. — Prix de l'abonnement :

Paris, **12** fr. — Départements, **13** fr. — Étranger, **14** fr.

L'abonnement ne se prend que pour un an à partir du 1er Janvier.

Prix du numéro : **1** fr. **20** c. chez tous les Libraires.

1re ANNÉE 1882. — Prix du Volume.
Broché : **10** fr. — Relié avec luxe : **14** fr.

Cette première année comprend les dix livraisons parues depuis le
1er mars 1882, date de la fondation du journal, jusqu'au 1er décembre.
Elle forme un magnifique volume grand in-8 de plus de 400 pages,
avec 135 belles figures dans le texte.

La *Revue* a pour but de tenir tous les amis de la Science au
courant des découvertes et des progrès réalisés dans l'étude générale
de l'Univers. Elle donne, au jour le jour, le tableau vivant des con-
quêtes rapides et grandioses de l'Astronomie contemporaine. Des
éphémérides font connaître aux amateurs de la plus belle et de la
plus vaste des Sciences l'état du ciel et les observations les plus intéressantes à faire soit à l'œil nu, soit à l'aide d'instruments de
moyenne puissance. Chaque numéro est illustré de nombreuses figures
explicatives sur les grands phénomènes célestes. Absolument correcte
au point de vue scientifique, la *Revue* est néanmoins populaire, et ses
rédacteurs suivent la voie ouverte par M. Camille Flammarion, qui
a toujours su présenter la Science sous une forme agréable. Aussi
peut-on dire que sa lecture est aussi intéressante pour les gens du
monde que pour les savants.

ROUCHÉ (E.), Professeur à l'École Centrale, Répétiteur à l'École
Polytechnique, etc., et de **Comberousse** (Ch.), Professeur à
l'École Centrale et au Collège Chaptal. — **Éléments de Géométrie**, rédigés conformément aux programmes d'enseignement des
classes de Troisième, de Seconde, de Rhétorique et de Philosophie,
suivis d'un COMPLÉMENT A L'USAGE DES ÉLÈVES DE MATHÉMATIQUES ÉLÉ-
MENTAIRES ET DE MATHÉMATIQUES SPÉCIALES, et de NOTIONS SUR LE LEVER
DES PLANS, L'ARPENTAGE ET LE NIVELLEMENT. 3ᵉ édition, revue et augmentée.
In-8, avec figures dans le texte; 1881...................... **6** fr.

SECCHI (le P.), Directeur de l'Observatoire du Collège Romain,
Correspondant de l'Institut de France. — **Le Soleil.** 2ᵉ édition.
Iʳᵉ et IIᵉ *Partie.* Deux beaux vol. grand in-8, avec Atlas, se vendant
ensemble.... .... **30** fr.

Librairie de Gauthier-Villars.

BRENET (Michel). — Histoire de la symphonie à orchestre, depuis ses origines jusqu'à Beethoven inclusivement. Petit in-8, titre noir et rouge, caractères elzévir, 1882. (Ouvrage couronné par la Société des Compositeurs de musique.) **3 fr.**

CAUCHY. — Œuvres complètes d'Augustin Cauchy, publiées sous la direction de l'Académie des Sciences, et sous les auspices de M. le Ministre de l'Instruction publique, avec le concours de MM. *Valson* et *Collet*, Docteurs ès sciences. 26 volumes in-4, en 2 Séries.

  1re Série.—Tome I; 1882. Prix de ce tome I acheté séparément. **25 fr.**
  Prix de ce Tome I, pour les acheteurs qui souscrivent dès à présent au prochain Tome, devant paraître en 1883 .... **20 fr.**
  (Le prospectus donnant la Table des Volumes est envoyé sur demande.)

CAHOURS (Auguste), Membre de l'Académie des Sciences. — **Traité de Chimie générale élémentaire.**

  Chimie inorganique, Leçons professées à l'École Centrale des Arts et Manufactures. 4e éd. 3 vol. in-18 jésus, 1878-1879. (Autorisé par décision ministérielle.) .... **15 fr.**
  Chimie organique, Leçons professées à l'École Polytechnique. 3e édit. 3 vol. in-18 jésus, avec figures; 1874 .... **18 fr.**
  Chaque volume se vend séparément .... **6 fr.**

CHASLES. — Traité de Géométrie supérieure, 2e édition. Grand in-8, avec 12 planches; 1880 .... **24 fr.**

JORDAN (Camille), Membre de l'Institut, Professeur à l'École Polytechnique. — **Cours d'Analyse de l'École Polytechnique.** 3 volumes in-8, avec figures dans le texte, se vendant séparément :

  Tome I. — Calcul différentiel; 1882 .... **11 fr.**
  Tome II. — Calcul intégral (*Intégrales définies et indéfinies*); 1883 .... **12 fr.**
  Tome III. — Calcul intégral (*Équations différentielles. — Calcul des variations. — Développements divers. — Problèmes*).
                                 (*Sous presse.*)

MANNHEIM (A.), Professeur à l'École Polytechnique. — **Cours de Géométrie descriptive de l'École Polytechnique**, comprenant les Éléments de la Géométrie cinématique. Grand in-8, illustré de 249 figures dans le texte; 1880. **17 fr.**

UNWIN (W.-Cawthorne), Professeur de Mécanique au Collège Royal Indien des Ingénieurs civils. — **Éléments de construction de machines**, ou *Introduction aux principes qui régissent les dispositions et les proportions des organes des machines*, contenant une collection de formules pour les constructeurs de machines. Traduit de l'anglais, avec l'approbation de l'Auteur, par M. *Bocquet*, ancien Élève de l'École Centrale, Chef des travaux à l'École municipale d'apprentis de la Villette (Paris); et augmenté d'un *Appendice sur les transmissions par les câbles métalliques, sur le tracé des engrenages et sur les régulateurs*; par M. *Léauté*, Répétiteur du cours de Mécanique à l'École Polytechnique. In-18 jésus, illustré de 219 figures dans le texte; 1882.

  Broché .... **7 fr.**
  Cartonné à l'anglaise ...... **8 fr.**

Librairie de Gauthier-Villars.

BERTHELOT (M.), Membre de l'Institut, Président de la Commission des substances explosives. — **Sur la force des matières explosives, d'après la Thermochimie.** 2 beaux volumes gr. in-8 avec figures; 1883............................ **30 fr.**

CHARLON (H.). — **Théorie mathématique des opérations financières.** 2ᵉ édition. Grand in-8, avec Tables numériques relatives aux emprunts par obligations. Tables numériques relatives aux calculs d'intérêts composés et d'annuités, et Tables logarithmiques de Fédor Thoman relatives aux calculs d'intérêts composés et d'annuités; 1878.. **12 fr. 50**

DORMOY (Émile). — **Théorie mathématique des assurances sur la vie.** Deux volumes grand in-8; 1878...... **20 fr.**
Chaque volume se vend séparément.................... **10 fr.**

JOUFFRET (E.), Chef d'escadron d'Artillerie. — **Introduction à la Théorie de l'énergie.** Petit in-8; 1883..... **3 fr. 50 c.**

JAMIN (J.), membre de l'Institut, professeur à l'École Polytechnique et à la Faculté des Sciences de Paris. — **Petit Traité de Physique,** à l'usage des établissements d'instruction, des aspirants aux baccalauréats et des candidats aux Écoles du Gouvernement. Nouveau tirage, augmenté de *Notes sur les progrès récents de la Physique,* par E. Bouty. In-8, avec 746 figures dans le texte et un spectre en couleur. 1882.. **9 fr.**

MIQUEL (P.), Docteur ès Sciences, Docteur en médecine, Attaché à l'Observatoire de Montsouris. — **Les Organismes vivants de l'atmosphère.** Étude sur les semences aériennes des moisissures et des bactéries, sur les procédés usités pour récolter, compter et cultiver ces deux classes de microbes et sur l'application de ces recherches à l'hygiène générale des villes et des asiles hospitaliers. Un beau vol. grand in-8, avec 86 figures dans le texte et 2 planches en taille-douce; 1883. **9 fr. 50 c.**

TRUTAT (E.), Conservateur du Musée d'Histoire naturelle de Toulouse. — **Traité élémentaire du microscope.** Un joli petit in-8, avec 171 figures dans le texte; 1882. Broché. **8 fr.** — Cartonné. **9 fr.**

WITZ (Aimé), Docteur ès Sciences, Ingénieur des Arts et Manufactures, Professeur aux Facultés catholiques de Lille. — **Cours de manipulations de Physique,** *préparatoire à la Licence.* Un beau volume in-8, avec 266 figures dans le texte; 1883. **12 fr.**

— 2 —

Cette Revue, qui comporte une grande variété d'arti-
cles, paraît le 1er de chaque mois, à partir du 1er mars 1882,
par numéro de 40 pages grand in-8, et elle forme à la
fin de l'année un beau volume de près de 500 pages.

Chacun des numéros est illustré de nombreuses *figures*
explicatives sur les grands phénomènes célestes. Des
éphémérides font connaître aux amateurs de la plus belle
et de la plus vaste des sciences l'état du Ciel et les
observations les plus intéressantes à faire soit à l'œil
nu, soit à l'aide d'instruments de moyenne puissance.

Absolument correcte au point de vue scientifique, cette
Revue est néanmoins *populaire*, et ses rédacteurs suivent
avec succès la voie ouverte par le sympathique astronome, qui a toujours su présenter la Science sous une
forme agréable.

Elle donne, au jour le jour, le tableau vivant des con-
quêtes rapides et grandioses de l'Astronomie contemporaine. En résumé, comme on l'a remarqué dès les
premiers numéros, sa lecture est aussi intéressante pour
les gens du monde que pour les savants.

Cette publication forme la suite naturelle de l'*Astronomie populaire* et des *Etoiles*.

N° 1 (Janvier 1883). — *A nos lecteurs.* — *Les Etoiles,
Soleils de l'infini, et le mouvement perpétuel dans
l'Univers*, par M. C. Flammarion (7 figures). — *La Conservation de l'énergie solaire*, par M. Hirn, correspondant de l'Institut. — *Académie des Sciences*. L'éclipse
totale du 6 mai 1883 et la constitution physique du
Soleil, par M. Janssen, de l'Institut. — *Nouvelles de la
Science. Variétés:* Le passage de Vénus (2 figures). Un
généreux ami de la Science. — *Annuaire astronomique
pour 1883.* — *Le Ciel en Janvier 1883* (3 figures).

N° 2 (Février 1883). — *Les Pierres tombées du Ciel*,
par M. A. Daubrée, Membre de l'Institut, Directeur de
l'Ecole des Mines (6 figures). — *Observations de
Jupiter*, par M. W.-F. Denning, Astronome à Bristol (1 figure). — *Les Inondations*, par M. Th. Moureaux, météorologiste au Bureau central (1 figure). — *Bibliographie générale de l'Astronomie*, par M. Henry Grévé
(1 figure.) — *Académie des Sciences*. Photographie de
la grande Comète de 1882, faite à l'Observatoire du Cap
de Bonne-Espérance, par M. D. Gill (1 figure). —
Nouvelles de la Science. Variétés: Le Passage de
Vénus (1 figure). La grande Comète (5 figures).
L'Aurore boréale du 17 novembre. Perturbation magnétique et taches solaires (1 figure). — *Le Ciel en Février
1883* (5 figures).

N° 3 (Mars 1883). *Les Pierres tombées du Ciel* (suite
et fin), par M. A. Daubrée, Membre de l'Institut, Directeur de l'Ecole des Mines (4 figures). — *Curieux
phénomènes météorologiques*. Spectres aériens observés au Pic du Midi et en ballon, par M. C. Flammarion
(2 figures). — *Où commence lundi? Où finit dimanche?*
Le méridien universel, les heures et les jours, par M.
A. Lepaute. — *Académie des Sciences*. Prochain retour
de la comète périodique de d'Arrest, par M. G. Leveau.
— *Nouvelles de la Science. Variétés:* La grande Comète
(2 figures). Comète apocryphe. Vénus visible près du

Soleil. Taches solaires visibles à l'œil nu. Explosion d'un bolide. Un arc-en-ciel dans la brume. Simultanéité des grandes perturbations magnétiques. L'espace est-il infini? Influence politique des comètes en Chine. Imitation artificielle de la surface lunaire. Orientation du disque solaire suivant l'heure (1 figure). Bibliographie. — *Le Ciel en Mars* 1883 (5 figures).

N° 4 (Avril 1883). *Les progrès de l'Astronomie physique.* La Photographie céleste, par M. Janssen, membre de l'Institut, Directeur de l'Observatoire de Meudon. — *D'où viennent les pierres qui tombent du Ciel*, par M. C. Flammarion. — *Observation télescopique de la planète Mercure*, par M. W.-F. Denning. — *Académie des Sciences :* Accroissement d'intensité de la scintillation des étoiles pendant les aurores boréales, par M. Ch. Montigny. — *Nouvelles de la Science :* La grande comète de 1882. Comète a 1883. L'éclipse totale de Soleil du 6 mai prochain. — *Le Ciel en Avril* 1883 et l'observation de la Lune, par M. Gérigny. — Ce numéro contient 13 figures.

N° 5 (Mai 1883). *Les étoiles doubles*, par M. C. Flammarion (10 figures et une planche en couleur). — *La grande comète de 1882.* Marche de la comète sur la sphère céleste (1 figure). — *Académie des Sciences.* Séance publique annuelle. Prix d'Astronomie décernés en 1883. Prix proposés pour 1884 et 1885. *Nouvelles de la Science. Variétés :* Comète a 1883. Vénus visible à l'œil nu en plein midi (1 figure). Les taches du Soleil et la température. Observation d'Uranus à l'œil nu. Société scientifique Flammarion à Bruxelles. La *Tribune astronomique.* Un généreux ami de la Science. — *Observations astronomiques à faire du 1ᵉʳ mai au 15 juin.* Études sélénographiques, par M. P. Gérigny (3 figures).

N° 6 (Juin 1883). *La chaleur solaire et ses applications industrielles*, par M. A. Lepaute (1 figure). — *La constitution intérieure de notre planète*, par M. Edouard Roche (1 figure). — *Phénomènes dus à l'action de l'atmosphère sur les étoiles filantes, sur les bolides, sur les aérolithes*, par M. Hirn. — *Distribution des petites planètes dans l'espace*, par M. le général Parmentier. — *Les étoiles o¹ et o² du Cygne, rectification à apporter aux catalogues et cartes célestes*, par M. C. Flammarion (3 figures.) — *Académie des Sciences.* Température à la surface du sol et jusqu'à 36ᵐ de profondeur pendant l'année 1882, par MM. Ed. Becquerel et Henri Becquerel. — *Nouvelles de la Science. Variétés :* La grande tache solaire du mois d'avril 1882 (1 figure). — Où commence lundi? Où finit dimanche (1 figure)? Curieuse étoile filante (1 figure). Origine des uranolithes. Les saints de glace. — *Observations astronomiques* (2 figures) et *Études sélénographiques* (1 figure), par M. Gérigny.

N° 7 (Juillet 1883). *La conquête des airs et le centenaire de Montgolfier*, par M. C. Flammarion (5 figures). — *La constitution intérieure de notre planète* (suite et fin), par M. Edouard Roche. — *Phénomènes dus à l'action de l'atmosphère sur les étoiles filantes, sur les bolides, sur les aérolithes* (suite et fin), par M. G.-A. Hirn (2 figures). — *L'atmosphère de Vénus*, par M. Detaille (1 figure). — *Académie des Sciences.* Sur la figure de la

grande comète de septembre, par M. Th. Schwedoff
(2 figures). — *Nouvelles de la Science. Variétés* : L'éclipse
totale de Soleil du 6 mai. Tache solaire visible à l'œil
nu. Brouillard sec. Chute d'un uranolithe à Alfianello
(Italie). — *Observations astronomiques* (3 figures) et
Études sélénographiques (1 figure), par M. Gérigny.

N° 8 (Août 1883). *Photographie directe de la nébuleuse
d'Orion* (1 figure). — *Les grandes marées au mont
Saint-Michel*, par M. C. Flammarion (2 figures). —
Disparition de la tache rouge de Jupiter, par M.
Ricco (1 figure). — *Les variations périodiques de la
température dans le cours de l'année*, par M. A. Roche
(1 figure). — *La formation du système solaire d'après
Laplace*, par M. Philippe Gérigny. — *La réforme du
Calendrier*, par M. E. Millosewich. — *Académie des
Sciences*. Sur les mouvements du sol de l'observatoire
de Neuchâtel, par M. Faye. — *Nouvelles de la Science.
Variétés* : L'éclipse totale de Soleil du 6 mai (1 figure).
— Taches solaires visibles à l'œil nu. Bolides remar-
quables (2 figures) La grande Comète de 1882. Souvenir
du passage de Vénus. Errata à la *Connaissance des
Temps* pour 1884. Errata à l'*Annuaire du Bureau des
Longitudes* pour 1883. — *Observations astronomiques*
(2 figures) et *Études sélénographiques* (2 figures), par
M. Gérigny.

N° 9 (Septembre 1883). *Le tremblement de terre
d'Ischia*, par M. C. Flammarion (3 figures). — *L'Observatoire du Pic du Midi*, par M. le contre-amiral Mouchez,
Directeur de l'Observatoire de Paris (1 figure). — *Taches
solaires et protubérances*, par M. Tacchini, Directeur de
l'Observatoire de Rome. — *Nouvelles mesures des an-
neaux de Saturne*, par M. C. Detaille (4 figures). — *Le
Vésuve et Ischia*, par M. R.-A. Proctor. — *Académie
des Sciences*. Perturbations solaires nouvellement observées, par M. L. Thollon (1 figure). — *Nouvelles de
la Science. Variétés* : La Catastrophe d'Ischia. Éruptions
et taches solaires. Observatoire de Paris. Explosions
solaires. Exemple à suivre. — *Observations astronomiques* (2 figures) et *Études sélénographiques* (1 figure),
par M. Gérigny.

N° 10 (Octobre 1883). *Curieux phénomènes météorologiques*, par M. C. FLAMMARION (3 figures). — *Les
mouvements sidéraux observés au spectroscope*, par
M. L. THOLLON, astronome à l'Observatoire de Nice
(3 figures). — *L'atmosphère de Vénus* (3 figures). — *Choix
d'un premier méridien*, par M. Charles LEMAIRE TESTE,
Observatoire de Rio-Janeiro. — *Les taches du Soleil*,
par M. le colonel GAZAN. — *Académie des Sciences*.
Sur la possibilité d'accroître dans une grande proportion la précision des observations des éclipses des
satellites de Jupiter, par M. A. CORNU (1 figure). —
Nouvelles de la Science. Variétés : Le cataclysme de
Java (1 figure). Nouvelle comète : retour de celle de
1882. Phases de Vénus observées à l'œil nu. Almanach
astronomique Flammarion. Taches solaires visibles à
l'œil nu. — *Observations astronomiques* (2 figures) et
Études sélénographiques (1 figure), par M. GÉRIGNY.

9287 Paris. — Imp. de GAUTHIER-VILLARS, quai des Augustins, 55.